一冊で「経済」の
みが丸ごとわかる!

木暮太一

青春新書
PLAYBOOKS

はじめに

「水道水より売っている水が高いのはなぜ？」

「なんで電気屋さんは秋葉原に集まるの？」

「なんで『世の中においしい話はない』っていえるの？」

「なんで税金を払わなきゃいけないの？」


これらは、ある意味「常識」ですが、なぜそうなのかをちゃんと他人に説明する機会はあまりありません。そして、いざ説明しようとすると、論理的に説明するのは案外難しいことに気づくのではないでしょうか。ぼくらが普段なにげなく常識と考えていることの中には、じつはちゃんと説明できない事柄がたくさんあります。とくに、経済の話には苦手意識をもっている方が多いのではないでしょうか？

でも、経済が難しいと感じるのは、背景にある理屈をちゃんと教えてもらっていないから。その背景がわかれば、「経済」も自分の言葉で説明できるようになります。

この本では、なにげない普段の生活で感じる疑問にスポットを当て、「なぜそうなっているのか?」「どう考えればいいのか?」を、経済原則と照らし合わせながら書いています。

経済原則といっても、机上の理論の説明をしているわけではありません。これから生きていくうえで「考え方の柱」を持てるように、自信を持って自分の言葉で起きている出来事を説明し、それに対する意見を言えるように、そして何より大事なこととして、読んだ人が他の人に説明できるように書きました。

この本では数ある経済原則のうち、重要な項目に絞って説明しています。これらを知ることで、日常の出来事に対し、「原理原則に当てはめたら、どうなるだろうか?」という視点が加わり、自分の中で「自動的に考えるプログラム」が動き出します。

経済原則は「人間が人間っぽく行動したら、どういう結果になるか」を教えてくれます。これが「考え方の柱」です。もちろんそれがすべてではなく、経済学的に正しいことが現実でも100％正しいとは限りません。
ただし、経済学的に間違っていることは、現実にもほぼ「間違っている」といっていいでしょう。「人間が人間っぽく行動したら、こういう結果にはならない」ということがもし起きているとしたら、それはここ数百年変わっていない「人間っぽさ」が変化したか、もしくはその結果が「嘘」かのどちらかです。

単に日々の経済ニュースを知るだけではなく、その背景にある経済原則も知ることで、自分の頭で考え、論理的に行動する力が身につきます。背景の理屈を知れば、今までよくわからなかった「経済」が、自分の言葉で説明できるようになります。
経済学を知っていれば、自分で物事を判断する軸がもて、自分で考えて行動できます。読者のみなさんに、少しでもその「軸」を感じていただければうれしく思います。

2012年3月、鎌倉の自宅にて　　木暮太一

この一冊で「経済」のしくみが丸ごとわかる！　目次

第1章

「価格」のフシギ

〝売りたい人〟と〝買いたい人〟の絶妙な出会い

そもそも、〝モノの値段〟はどうやって決まっているのか

第2章

「会社」のメカニズム

あなたの給料は「働き」に見合っているか

どうすればもっとたくさんお金を稼げるの?

雇う人と働く人。どっちもどっちな言い分

第3章

「国」と「税金」のジョーシキ

お金をどんどん刷っても豊かにはならないのです

みんながお金をどんどん使うなら税金は必要ない⁉

「将来が不安…」な人はここを理解しよう

第4章

「社会問題」のホント

経済で考えると〝これからのニッポン〟が見えてくる

グローバル化と食糧自給率の気になる関係

環境破壊を食い止めるたった一つの方法

「がんばって楽しむ」のがこれからの生き方

ブックデザイン　小口翔平（tobufune）
本文イラスト　もっちぼうず
本文ＤＴＰ　センターメディア

第1章

「価格」のフシギ

“売りたい人”と“買いたい人”の絶妙な出会い

そもそも、〝モノの値段〟はどうやって決まっているのか

知ってるつもりで、じつは知らない「値段のしくみ」

突然ですが、お正月やゴールデンウィークの海外旅行は他の時期と比べて値段がすごく高いですよね。なぜその時期だけ高いの？　と人に聞かれたら、どう答えましょう？「そういうものだから」では説明になりません。「その時期の旅行は人気が高いから」でもダメです。**人気があっても安い商品はあります**。聞かれてみると、商品の値段がどう決まるか、うまく説明するのは結構難しいんです。理論的に、しかも子供でも分かるように伝えるにはどうしたらいいでしょうか？

それには、その前にいくつか前提となる経済原則を説明しておかなければいけません。ここでのキーワードは、「需要曲線と供給曲線」です。

意外と説明できない「需要」と「供給」の関係

経済学の話をする時に、必ず出てくる言葉がこの「需要曲線」と「供給曲線」です。言葉としては聞いたことがある方も多いと思います。そして、グラフが「×」の形になるというのも、聞いたことがあるかもしれません。

なぜあの形になるのか、そもそもあの線は何を意味しているのか？を考えたことがある方は、非常に珍しいと思います。ただし、大人は「なんとなく」意味を理解しているので、「需要と供給の関係で……」と言っても「なんとなく」通じます。

［すべての「値段」はこのグラフに基づく］

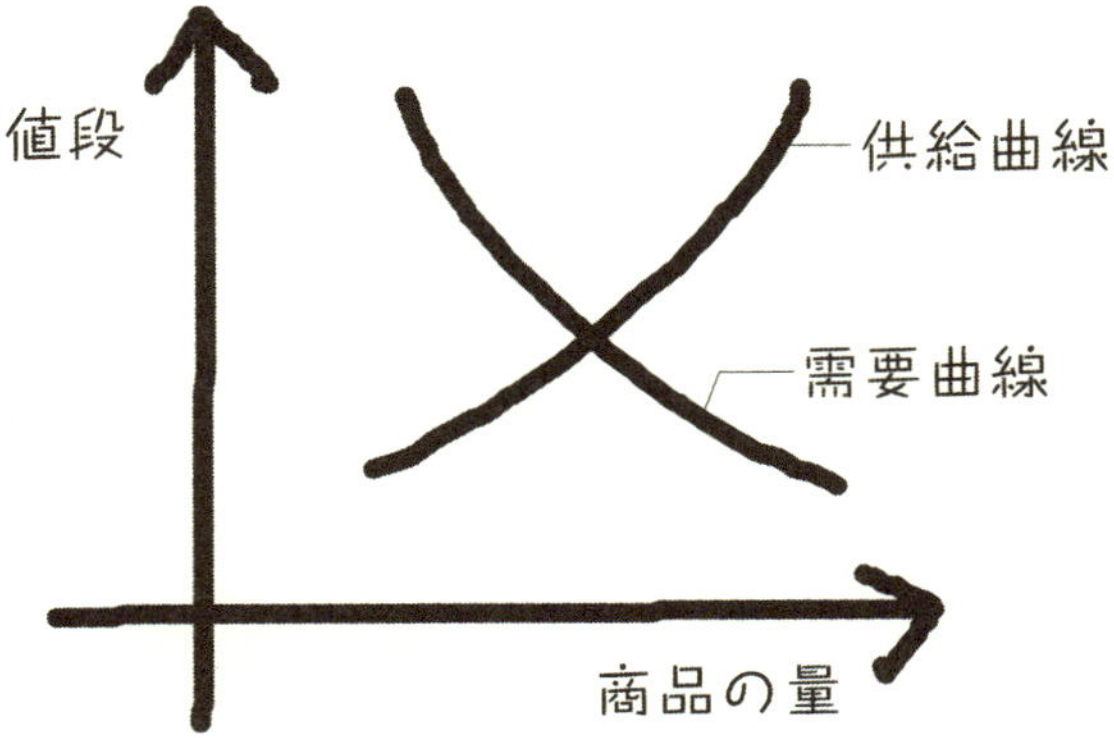

でもここからちゃんと説明しないと、なぜ「人気」と「値段」が関係しているのか、なぜお正月やゴールデンウィークの旅行は高いのか、理解してもらうことはできません。なので、あらためて最初から確認していきます。

まず、需要曲線と供給曲線は、横軸が「商品の量」、縦軸が「商品の値段」になります。そして通常、上のようなグラフになります。

この線の意味を考えましょう。いっぺんに考えるとややこしいので、まず「需要曲線」から説明します。

「需要曲線」とは、「いくらまでだったらその商品を買う気があるか」をお客さんに聞いて、手を挙げた人数をグラフにしたもの、と考えることができます。学級会でアンケートを取る時と一緒です。

「この商品、1000円なら買う人？　はい、1人ね」

「800円だったら買う人？　3人」

「500円だったら？　5人」

「300円だったらどうする？　一気に増えたね。15人」

「100円になったら？　30人ね」

需要曲線は縦軸が「商品の値段」、横軸が「商品の量」でした。今のアンケートでは、「人数」が「商品の量」と同じような意味なので、横軸は「買いたいと思っている人の数」と考えても問題ありません。

このグラフを一緒に描いてみましょう。

まず1000円以下だったら買う人を「1000円の目盛」のところに書きます。「1人」ですね。次に800円以下だったら買う人を「800円の目盛」に書きます。

［「いくらだったら買う？」をグラフ化］

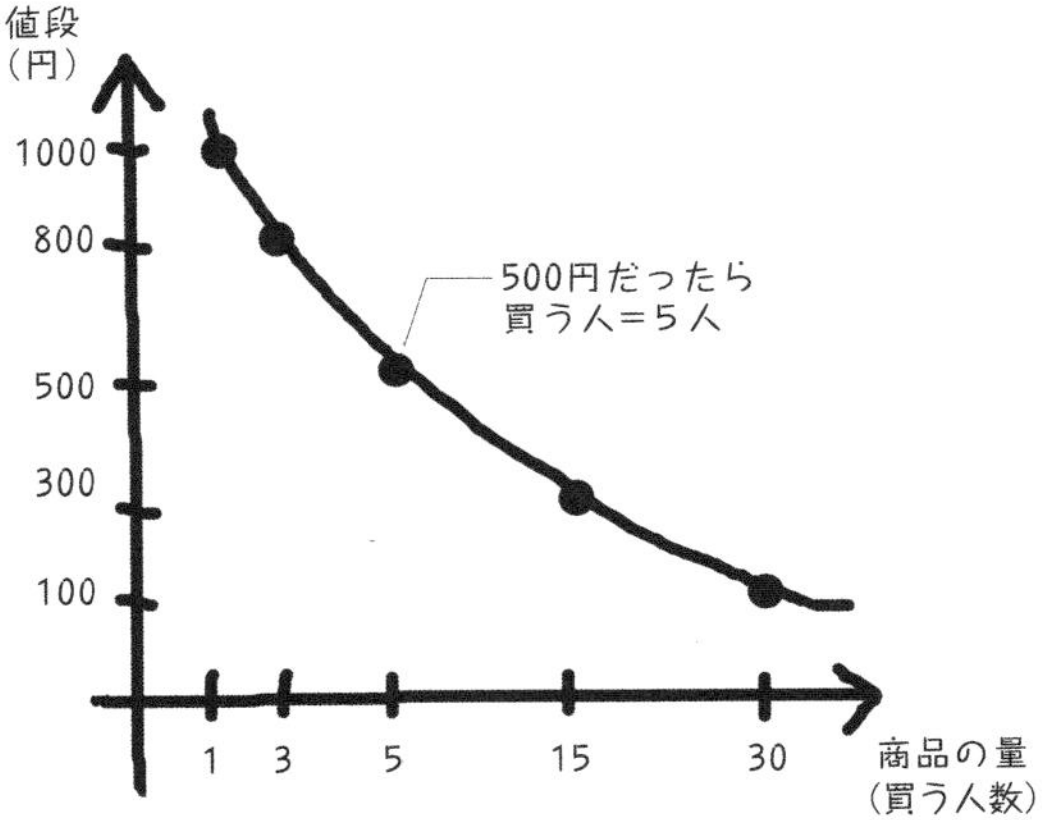

「3人」です。こう書いて、最後に点を線で結びます。これが「需要曲線」です。つまり需要曲線とは「その値段だったら、商品を買うと言っている人がどのくらいいるか」を示したグラフです。

そして、通常値段が下がれば、「買う！」と言う人は増えるので、グラフが下に行けば行くほど、右に動きます。右下がりの線になるんです。

いつも右下がりになるの？

このグラフは「800円」のところが「3人」になっています。とすると、この3人は

［需要曲線がいつも右下がりなワケ］

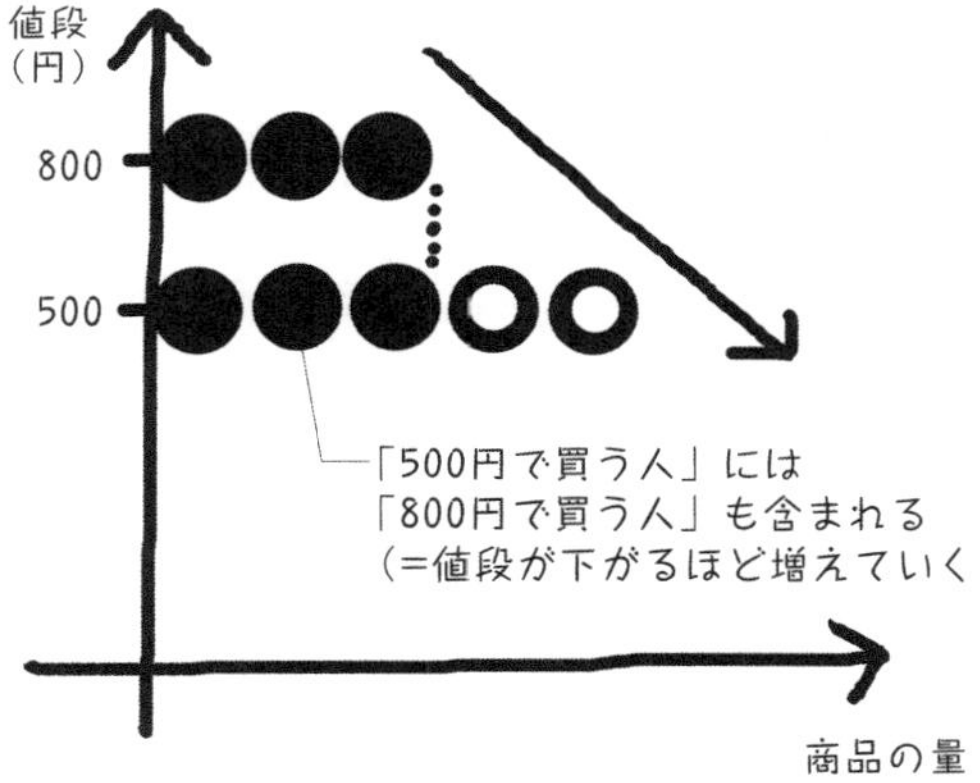
値段
（円）
800
500
「500円で買う人」には
「800円で買う人」も含まれる
（＝値段が下がるほど増えていく）
商品の量

商品が８００円だったら買うということですね。でも普通、８００円で買う人は、７００円や５００円でも買います。「８００円だったら買う」というのは、「８００円以下だったら買う」ということなんです。となると、「５００円で買う」と言った「５人」のうち、３人は「８００円だったら買う」と言った人たちです。だから、値段が下がるたびに、人数は増えていきます。減りはしませんから、グラフはいつも右下がりです。

では、一方の供給曲線はどういう意味でしょう？ 供給曲線とは、「最低この値段だけお金をもらえれば売ってもいいと思う人の数」を表しています。今度は「買う人」ではなく

［「いくらだったら売る」をグラフ化］

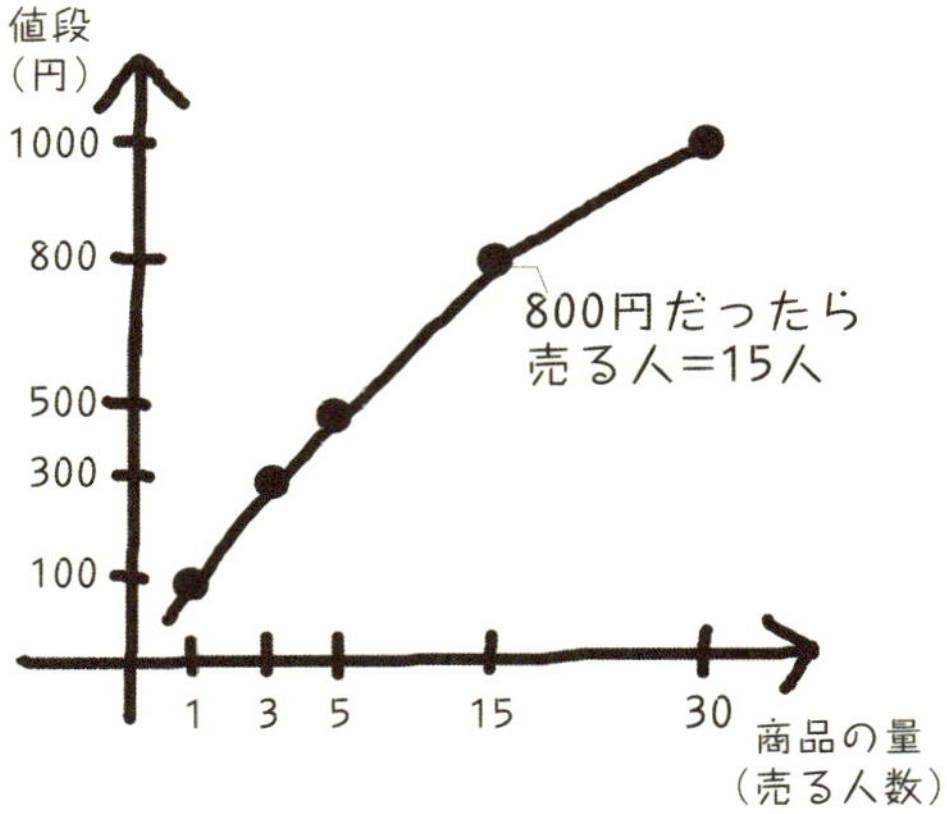

「売る人」の立場から考えています。でも、やっていることは学級会のアンケートと一緒ですね。自分が持っているものを売りに出す時に、最低いくらだったら売っていいかを聞きます。さっきと同じように聞いてみましょう。

「みなさんが持っている商品、１００円で売っていいと思う人？　はい、１人ね」

「３００円だったら売る人？　３人」

「５００円だったら？　５人」

「８００円だったらどうする？　それでも15人か」

「１０００円だったらどうでしょう？　これでやっとみんな手が挙がりました。30人ね」

［供給曲線はいつも右上がり］

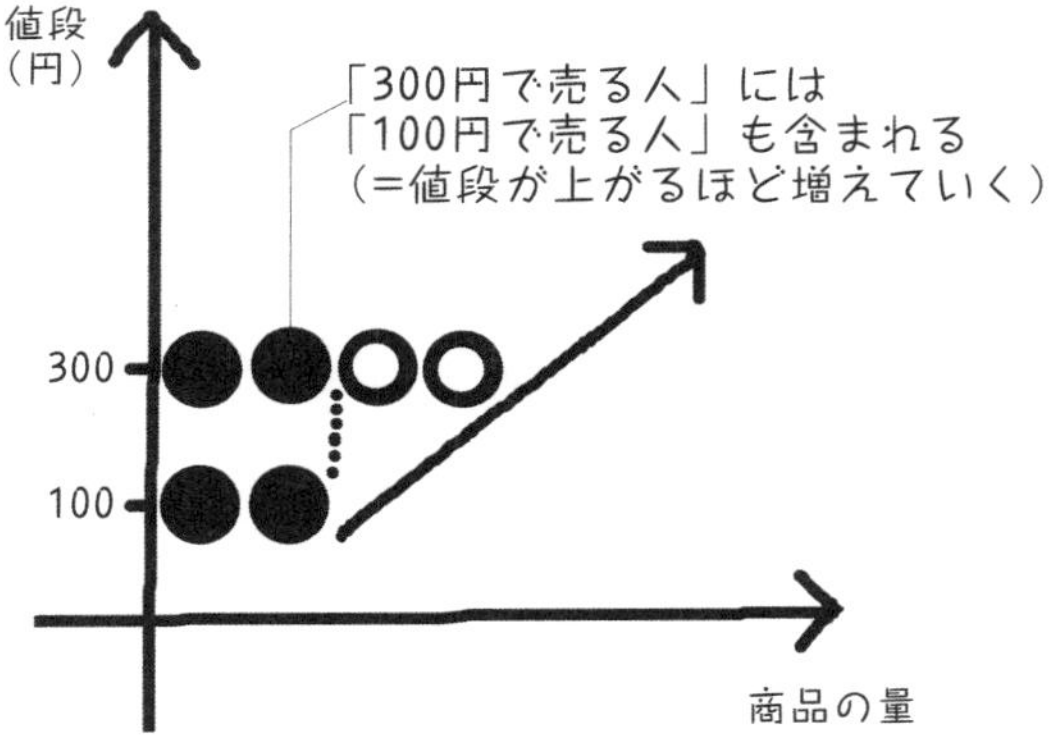
値段（円）
「300円で売る人」には
「100円で売る人」も含まれる
（＝値段が上がるほど増えていく）
300
100
商品の量

供給曲線も需要曲線と同じで、縦軸が「商品の値段」、横軸が「商品の量」でした。横軸は「商品の量」ですが、「売りたいと思っている人の数」と考えましょう。

そして、アンケート結果をもとに描いたのが右ページ上のグラフです。

売りたい人の数と値段はグラフのような関係になりました。需要曲線とは逆で、通常値段が上がれば「売りたい！」と言う人は増えます。「300円だったら売る」と答えた4人には、「100円で売っていい」と答えた2人が入っていますから、値段が上がるほど右に行く。つまりグラフが右上に上がっていきます。

需給はどこかで一致する

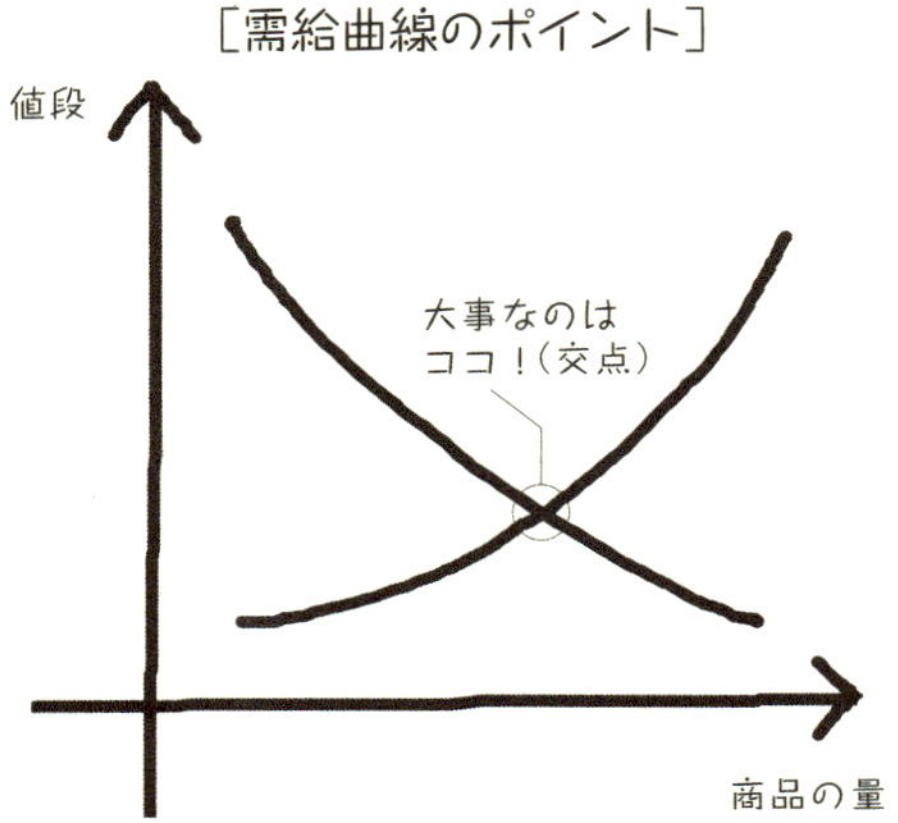
[需給曲線のポイント]
値段
大事なのは
ココ！（交点）
商品の量

　ここまでで「需要曲線」と「供給曲線」の意味と描き方が分かりましたね。でも、このままだと、ただアンケートを取って集計しただけです。あまり意味がありません。なので、このふたつのグラフを重ねて描いてみます。重ねて描くと、すごく面白いことが分かります。

　需要曲線と供給曲線を重ねて描くと、こうなりました。需要曲線は右下がり、供給曲線は右上がりなので、両方を同じグラフに描くと交わりますね。そしてその交わった「交点」が重要です。

どういうこと？

「需要曲線」と「供給曲線」の「交点」では、売りたい人と買いたい人の数が同じになっています。今回のケースでは商品の値段が５００円の場合、売りたい人も買いたい人も5人ずつで数がぴったり合います。余りの人が出ないんです。なので、ケンカにならずに取引ができます。

この「数がぴったり合う」ということを、「需要と供給のバランスがとれる」といいます。世の中の経済を考える上では、「需要と供給のバランス」が非常に重要な意味をもつんです。

ふーん、どんな？

需要と供給のバランスがとれないと「欲しいけど買えない人」や「売りたいけど売

れない人」が出てしまいます。これは経済が安定していない「悪い状態」です。でも、日本が採用しているような、みんなが自由に商売をする資本主義経済では、やがて自然に需要と供給のバランスがとれてきます。やがて「売りたい人」と「買いたい人」の数がぴったり合う、「良い状態」になるんです。

値段の法則① 売りたい人が余ったら値下げする

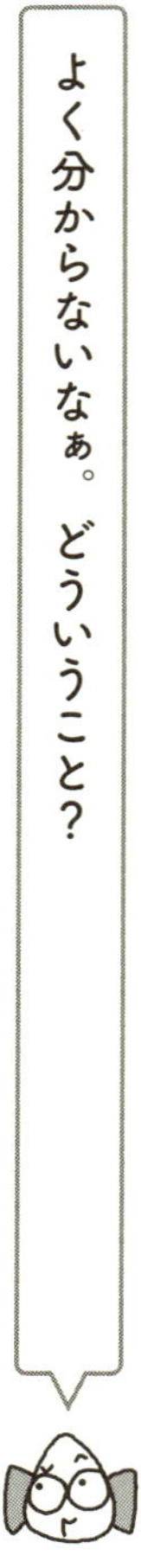

では具体的に説明しましょう。もし500円よりも高い値段で商品を取引しようとしたらどうなるでしょう？ たとえば、800円で取引しなさい！と言われたら？

その場合、商品の値段が800円だと「買いたい人」が3人います。一方、「売りたい人」は10人もいます。

［売れない人はどうするか］

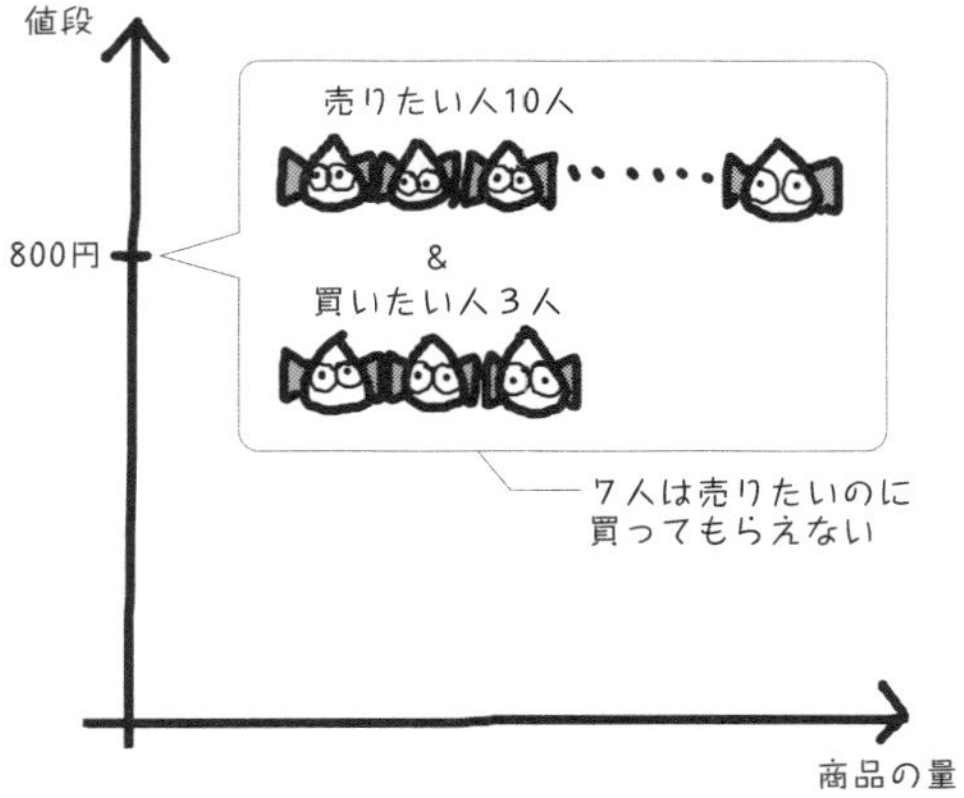
値段
800円
売りたい人10人
&
買いたい人３人
７人は売りたいのに
買ってもらえない
商品の量

そうすると、売る人が7人余ってしまいますね。この7人は商品を売りたいのに買ってくれる人がいません。このままでは、この人たちはかわいそうです。

この余った7人はどうするの？

この人たちができることはふたつあります。ひとつは「諦めて、売るのをやめる」。もうひとつは「値段を下げて、買ってくれる人を探す」です。10人のうち何人かは「800円以上で売りたい」と思っているので、値段を下げたら「売りたくない」と感じるでしょう。そういう人は「諦めて、売るのをやめる」

［値段が調整されるしくみ］

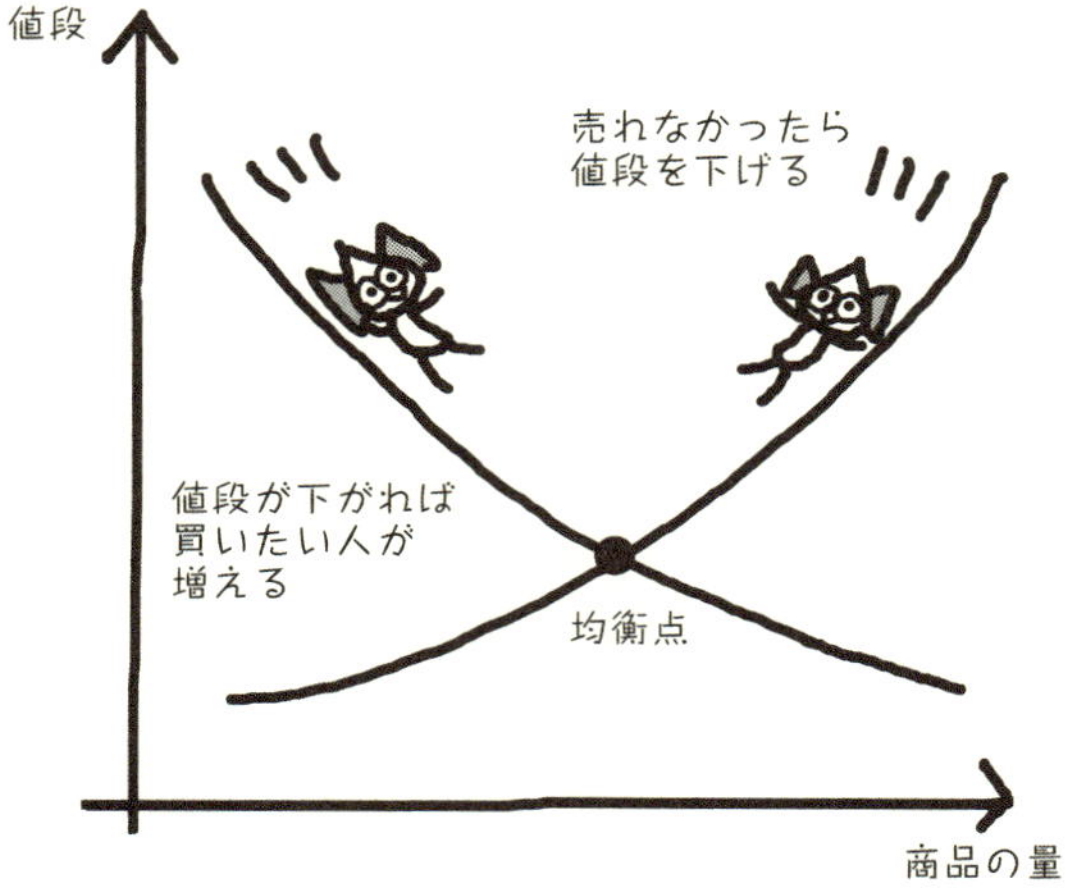
値段
売れなかったら
値段を下げる
値段が下がれば
買いたい人が
増える
均衡点
商品の量

わけです。その結果、売りたいと思う人は減ります。

しかし、一方で値段が下がれば「買いたい」と思う人は逆に増えていきます。

このように、買いたい人と売りたい人がちょうど同じくらいの人数になるまで、商品の値段が調整されていき、最終的に売りたい人と買いたい人の数はぴったり合うようになります。

値段の法則②　買いたい人が余ったら値上げする

反対に、もし500円よりも安い値段で取引しようとしたら？を考えます。「300円」で取引してみましょう。需要曲線を見ると、「300円だったら買いたい人」は、15人いますね。一方、「300円で売りたい人」は3人しかいません。こうなると「買いたい人」が12人余ってしまいます。どうしましょうか？

買いたい人が集まってじゃんけんをして、勝った3人だけが商品を買える。これもひとつの選択肢です。実際に、「先着○名様限定！」や「抽選」で買える人を選ぶというケースもあります。

もうひとつの方法としては、「値段を高くする」というやり方もあります。売る人からすれば、できるだけ高く買ってもらいたいですし、このままでは12人も買えない人が出てしまうので、値段を高くしてもOKでしょう。

ただ、この12人のうちには300円じゃないと買わない人がいます。300円より高かったら買わないで帰ってしまう人たちです。でも400円、500円でも買う気がある人たちも混ざっていることに注意してください。その人たちはもし400円に値上げしても買いますすね。だったら、もう少し値段を高くして売ってみましょう。

値段を下げる時と反対で、値段を上げれば買いたい人は減りますが、一方で売りたい人は増えます。値段を少しずつ上げていけば、さっきと同じように、やがては「買いたい人」と「売りたい人」の数がぴったり合うわけですね。これが経済の原則です。

大人気のチョコがずっと変わらず安いわけ

買いたい人が多い商品は、値段が高くなるということだよね。でもさぁ、みんなが大好きなＡＢＣチョコはずっと30円なんだよ。おかしくない？

それはおかしくはありません。値段が上がるのは、買いたい人のほうが売りたい人よりも多かった場合です。買いたい人が多くても、売りたい人が同じくらい多ければ、数がぴったり合うので、値段は変わりません。

ふーん、なんだか不思議な話だね

そのＡＢＣチョコも、もしかしたら、最初は買いたい人が多くて、売りたい人が少なかったかもしれません。その時は品切れになったり、値段が上がっていたかもしれませんね。

でも、もし売りたい人が増えたらどうなるでしょう？　値段が上がるのは、買いたい人が売りたい人よりも多いから、ですよね。だから売りたい人が増えたら、値段は変わらないんです。

え、でも、ABCチョコはたったの30円だから、売りたい人は少ないんじゃないの？

確かに安いお菓子ですね。この値段だったら、1個売ってもそれほど儲からないでしょう。最初は売りたい人は少なかったかもしれません。でも、このチョコが大人気商品になったら、話は別です。安い商品でもたくさん売れれば儲かるので、30円でもいいから売りたいと考える人たちはたくさん出てくるはずです。日本は自由に商売をしていい国ですから、売りたい商品があれば、売ってもかまいません。しかもずっと人気が変わらない大ヒット商品であれば、売りたい人はずっと売っていることでしょう。

そうすると、どうなると思いますか？

売りたい人が増えます。そして、買いたい人もたくさん、売りたい人もたくさんの状態になります。そして、重要なことは買いたい人と売りたい人のバランスがちゃんととれているということです。だから、値段は30円のままでいいんです。

お正月やゴールデンウィークの海外旅行はなんで高いの？

じゃあ、なんで海外旅行は値段が変わるの？ お正月やゴールデンウィーク、夏休みの時期も値段が高くなるって先生が言ってたけど

その通りですね。海外旅行は平日に行くのと、お正月、ゴールデンウィーク、その他大型連休といわれる時期に行くのとでは値段が全然違います。4泊6日でハワイに

［ツアーの値段は時期によって変わる］

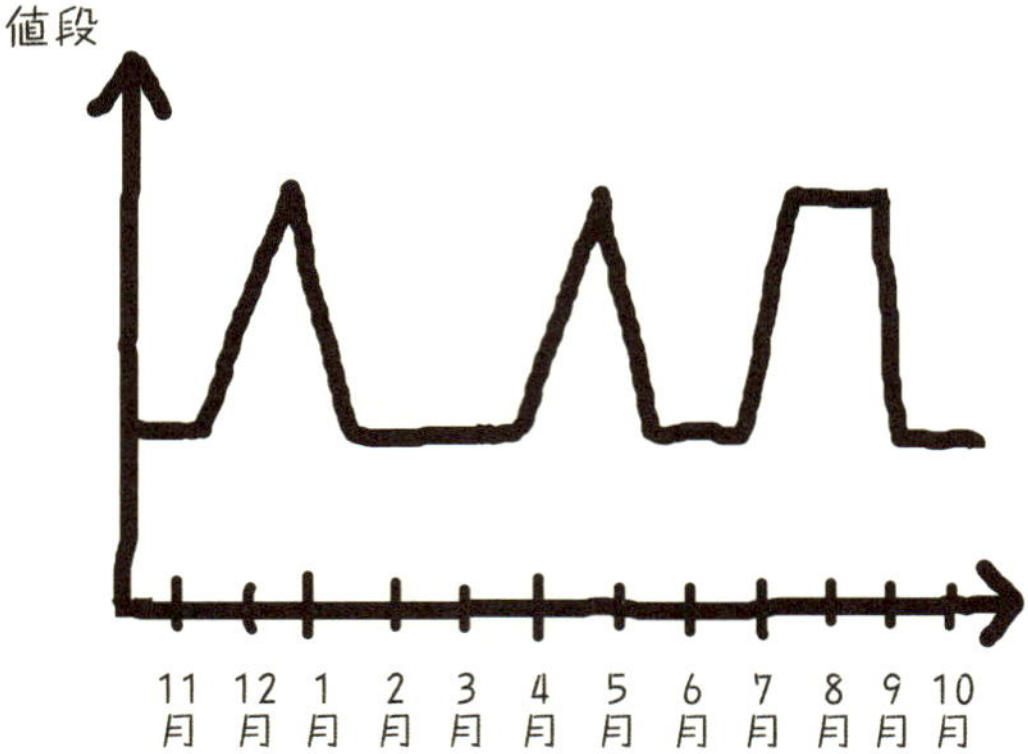

行くツアーの値段を1年間を通して比較してみましょう。

1年間で何回か値段が高くなる「山」がありますね。この時期は、仕事の休みを取れる人が多く、海外旅行に行きやすいんです。だから、みんなこの時期に旅行に行こうとします。そうすると、決まった時期だけ旅行の人気が高いという状態になるわけです。

ここで注意しなければいけないのは、「決まった時期『だけ』人気が高い」ということです。1年のうち、その他の時期はそれほど人気がないんです。もちろん、人気がない時期でも旅行に行く人はいます。でも圧倒的に少ないんです。

……だとしたら、どういうこと?

1年を通して考えると、普段はそれほどお客さんが来ない、つまり普段は需要が少なくて、決まった時期だけお客さんがあふれかえるということになりますね。「波」があるわけです。

それに対して、「供給」はどうなるでしょうか? 旅行の場合、「供給」とは、旅行者向けのホテルを経営したり、飛行機を用意したりすることです。この人たちは、いつ、どのくらい「用意(供給)」すればいいでしょうか?

値段のカギはやっぱり「需要」と「供給」

最近、仕事の疲れから癒しを求めてハワイに旅行に行く人が増えてきました。これはチャンスです。杉山さんは、ハワイに日本人向けのホテルを建てようと計画しまし

た。銀行もこの計画に前向きで、いくらでもお金を貸してくれるとのことです。

では、どんなホテルを造りましょうか？

杉山さんは考えました。

杉山さん「日本人はみんなハワイ好きだし、日本人向けホテルがあったら、いつも超満員だろうな……だったら、できるだけ大きいホテルにしなきゃ！」

そう言って、ハワイで一番大きいホテルを建設しました。ホテルのオープンは4月下旬。ちょうど日本のゴールデンウィークと重なり、いきなり予約でいっぱいになりました。

杉山さん「ほら、言った通りだ。従業員は大勢いて人件費がかかるけど、大きいホテルにして正解だな」

順調な滑り出しを迎えた杉山さんでしたが、ピンチはすぐにやってきました。5月の下旬になると、日本人旅行者の数がどんどん減ってきたのです。ホテルは半分の部屋が空室で、従業員も仕事がなく暇になってしまったのです。

杉山さん「これはマズイ……。お客さんが来なくても従業員は雇っていなければいけないし、レストランでは食材を仕入れちゃうし、ムダなお金がどんどんかかってしまう。なんとかして出費を減らさないと！」

そう思った杉山さんでしたが、もう手遅れです。ホテルは、造るのに時間がかかるし、一度造ったらずっと持っていなければいけません。つまり、お客さんがいる時期もいない時期も、同じ量を持ち続け、お客さんを待っていなければいけないんです。

このように、ホテルの経営者は、混雑する時期に合わせて大規模なホテルを建てると、暇な時でもたくさん部屋があるホテルを経営していなければいけません。維持が大変です。

では小さいホテルにしておけば、すべて問題がなくなるのかというとそうではありません。暇な時期にもちゃんと満室になるように、小さい規模でホテルを経営していると、いくらお正月やゴールデンウィークに申し込みがたくさん来ても、ほとんど断らなければいけなくなります。急に部屋数を増やすことはできませんからね。

仮に杉山さんが、「暇な時期」でもちゃんと維持ができるように、たとえば部屋が10室くら

［供給が需要に追いつかない！］

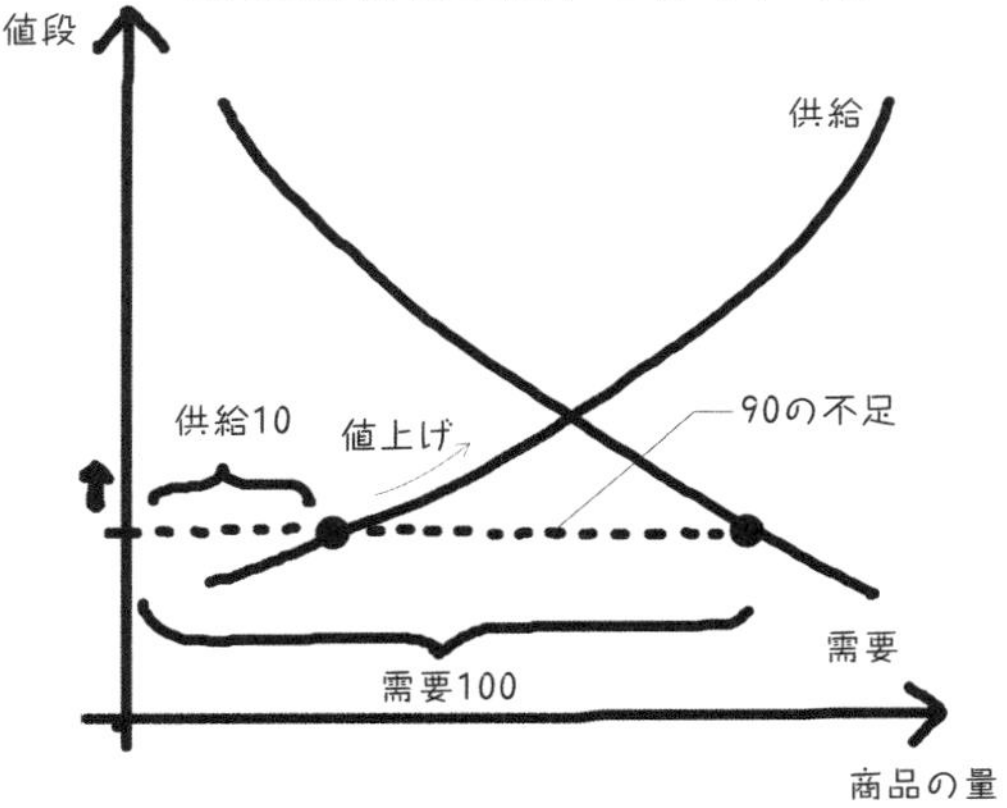

いの小規模ホテルを建てたとします。お客さんがそれほど来ない「暇な時」でも、ちゃんと経営できるようにしておくわけです。

でも、そんなホテルがゴールデンウィークを迎えたらどうなるでしょう？　各地からお客さんの予約の電話が殺到します。部屋は10室しかありませんが、100人から予約が入るわけです。

そういう時はどうするか？　お客さんからたくさん予約の電話が入るけど、ホテルの部屋数には限りがあります。需要曲線・供給曲線で考えると、「売りたい人が10人（部屋が10室）、買いたい人が100人（予約が100件）」という状態です。

いくらお客さんが多いからといって、いきなり部屋数を増やすことはできません。だから、杉山さんは値段を上げます。値段を上げると、諦めるお客さんもいますが、値段が高くても旅行に行きたい！と考えている人たちもいます。その人たちに高い値段で売ります。

ＡＢＣチョコは、ずっと人気があるので、それに合わせて売る量を増やすことができました。でも、旅行の場合は、いきなり人気が上がり、いきなり下がります。だから「売る量」を人気に合わせることができないのです。

だから、人気が高くてもＡＢＣチョコは値段が安いままですが、お正月やゴールデンウィークの旅行は高くなってしまうんです。

チョコとハワイ旅行は何が違う!?

このように、「買いたい人」と「売りたい人」がどれくらいいるかによって、値段は上がったり下がったりします。「買いたい人」が「売りたい人」よりも多ければ値段は上がり、少なければ値段は下がっていきます。需要と供給のバランスはモノの値段に大きな影響を与えているんですね。

じゃあ、需要のほうが多かったら、どんなモノも同じ値段になるの？

いいところに気がつきましたね。すごくいい質問です。

世の中にはいろいろなモノがあって、売っている値段もいろいろです。そして、確かに「買いたい人（需要）」が「売りたい人（供給）」よりも多ければ、値段は上がります。でも「買いたい人」が１００人、「売りたい人」が10人だったら、どんなモノでも必ず同じ値段になるかというと、そうではありません。

なぜかというと、モノの値段には、もうひとつ違う要素が入っているからです。

違うヨウソ？

そうです。それは、そのモノがもっている「価値」です。いくら人気が高くても、ABCチョコとハワイ旅行の値段は一緒になりません。それは、チョコと旅行がもっている「価値」が違うからなんです。

簡単に言うと、売る人がそれを作るのに必要な手間と費用が違うんです。チョコレート1個よりも4泊6日のハワイ旅行のほうが、手間も費用もかかります。

商品にかけた〝手間ひま〟で値段が決まる⁉

チョコレートを作るのが簡単だとは言いません。でも、ハワイ旅行は、飛行機を準備し、ホテルを準備して、予約があったお客さんの名簿を管理しなければいけません。お客さんにチケットを送る作業もあります。何倍も大変なんです。

［値段に含まれるものの違い］

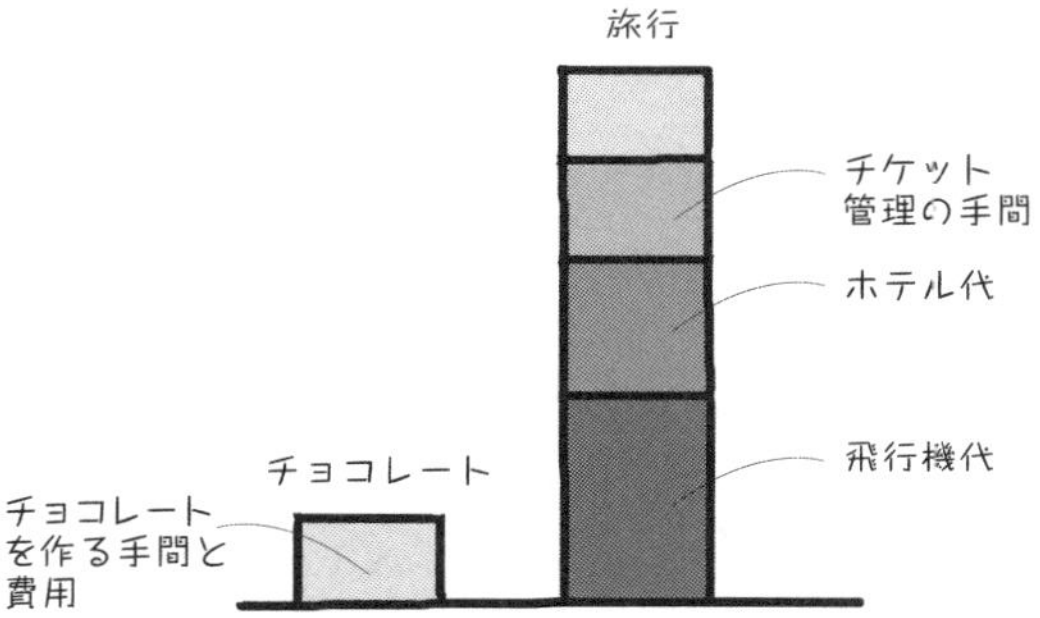
旅行
チケット管理の手間
ホテル代
飛行機代
チョコレート
チョコレートを作る手間と費用

このように、もともとチョコレートと海外旅行は全然価値が違います。だから値段が違うんです。

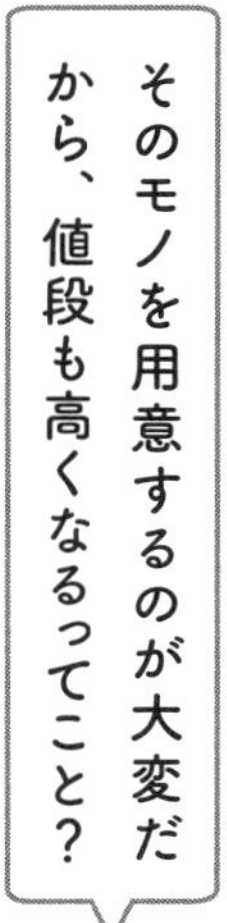
そのモノを用意するのが大変だから、値段も高くなるってこと？

その通りです。なので、仮に同じモノでも、値段が違ってくるケースもあります。

売ってる水が高いのも「用意するのが大変」だから

たとえば「水」です。すごくありがたいことですが、日本では水道の蛇口をひねると水が出てきます。公園で水を飲めば、タダで飲めますね。

でも同じ「水」という液体が、コンビニやスーパーで売られているのを見たことはありませんか？　公園で飲めばタダなのに、コンビニやスーパーではペットボトルに入れられて有料で売っています。

だって、ペットボトルに入ってる水のほうがおいしいもん

そうだと思います。でもみなさんがペットボトルの水にお金を払うのは「おいしいから」ではありません。「おいしい水を用意するのが大変だから」なのです。ペットボトルでお水を売っている人は、山奥まで行って、そこから水をくんで来て、ペット

ボトルに入れて街中のスーパーまで持っていきます。すごく大変ですね。

だから、みなさんもその労力を認めて、お金を払うのです。それが「そのモノがもっている価値」です。仮にペットボトルで売っているくらいおいしい水が家の水道から出てきたら、どうでしょう？　誰でも蛇口をひねればおいしい水が手に入るのであれば、誰もペットボトルの水を買おうとしないでしょうし、水道にペットボトルと同じだけのお金を払う人もいません。

［商品の値段の仕組み］

①まずは大きな価値で決まる
②需要と供給の大きさで変化する

このように、売っているモノには、みんな「価値」があります。そして、その価値をベースに値段が決められています。だからチョコレートが海外旅行と同じくらい人気があっても、同じ値段にはならないのです。

イメージで説明すると、まず、それぞれのモノがもっている価値があり、その上で、需要と供給の関係で値段が多少上下するという感じです。

まったく同じモノでも店によって値段が違うのはどうして？

モノの値段は、「売りたい人」と「買いたい人」の数がちょうどぴったり合ったところで決まる。でもそれ以前の話として、モノにはそれぞれ「価値」があって、その価値の大きさをもとに値段が決まる。今まで説明したことをまとめるとこんな感じになります。

でもさぁ、まったく同じモノでもお店によって値段が違うじゃん？　この前もＡＢＣチョコを25円で売っているお店見つけたし。これはどういうこと？

まったく同じ商品が、お店によって違う値段で売られていることはよくあります。

インターネットで商品を探すと、いろんなお店がいろんな値段で商品を売っています。でもこれは不思議なことではないんです。

最初に説明した、需要曲線と供給曲線を思い出してください。需要曲線は「お客さんがいくらだったら買うか？」を集計して、グラフにしたものでしたね。

そして、商品の値段が下がれば、「買いたい！」と言うお客さんの数は増えるのでした。じゃあ、みなさんがお店のオーナーだったとして、お客さんの数を増やしたいときにはどうすればいいでしょう？

あっ!! 値段を下げればいいんだ!

そうです。お客さんの数を増やすには、商品の値段を下げればいい。日本は自由に商売をしていい国ですから、自分で売る商品の値段を下げても問題ありません。だから、お客さんを増やしたければ、値段を下げます。

でもですね、お客さんが増えるからといって、むやみに値段を下げたら大変ですよ。

なんで？ やっぱり誰かに怒られるの？

いえいえ、違います。商品の値段を下げると、自分の利益が減るんです。仮に30円から25円に値下げすると、５円利益が減りますね。お店は利益を稼ぐために商品を売っていますから、値下げしてお客さんが増えても、利益が減ってしまっては意味がないんです。

値下げ前と値下げ後でどちらが儲かるか、慎重に判断した上で、値段を変えなければいけません。

値下げ後に売らなくてはならない個数を計算すると、１２０個になります。だから、仮に値段を下げてお客さんが増えても、１２０個以上売れないとかえって損をしてしまいますね。

お客さんが増えるからといって、バンバン値下げしちゃうと、損をすることもあるんです。ある意味、〝賭け〟ですね。

［儲けを維持するには…］

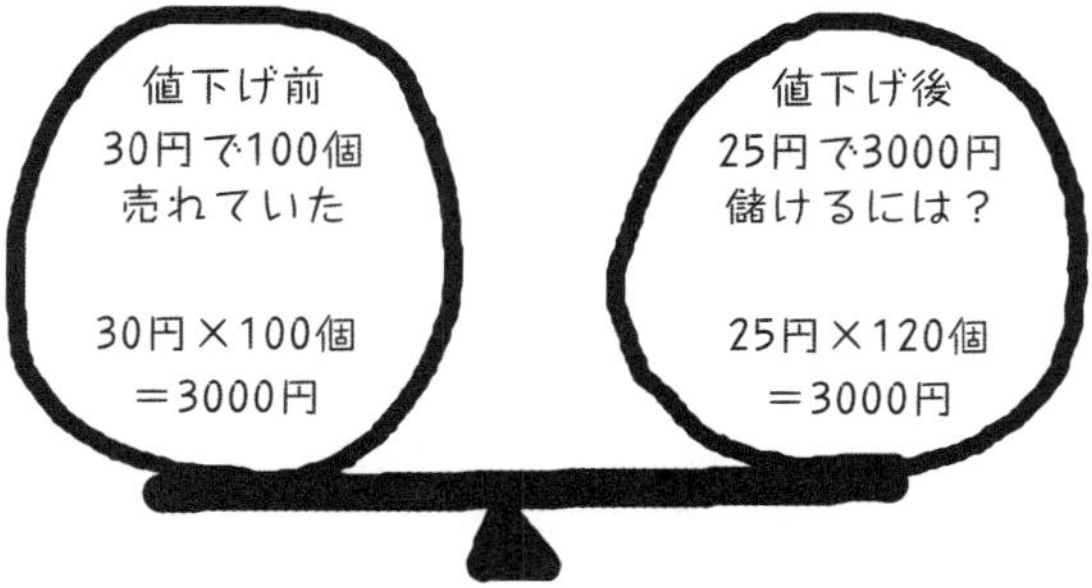
値下げ前
30円で100個
売れていた
30円×100個
＝3000円
値下げ後
25円で3000円
儲けるには？
25円×120個
＝3000円

各お店は、自分たちで判断して、商品をいくらで売るか決めています。だから、値段を下げるところもあれば、下げないところもあり、お店によって値段が変わるんです。

「費用」と「利益」

「費用」とは、自分が売る商品を作り、それを売るためにかかるお金のことです。たとえば、ハンバーガー屋さんは、パンやお肉を仕入れてハンバーガーを作ります。この仕入代も「費用」です。そして、作るだけでなく、店を開いて売らなければいけません。店員さんを雇い、テーブルやイス、紙袋なども用意しなければなりません。これも「費用」です。

自分ひとりで何から何までやれば、費用はかかりませんが、そんなケースはほとんどありません。何かしらの費用がかかるのが通常です。

また「利益」とは、自分が売っている商品の価格から費用を引いたものです。この分が「自分がもらえるお金」になります。お客さんからはハンバーガーの代金２００円をもらいますが、パンや肉、野菜の仕入れ、店員さんの給料を払って費用が１５０円かかっていれば、「利益」は２００円－１５０円＝50円になります。

第2章

「会社」のメカニズム

あなたの給料は
「働き」に見合っているか

会社の行動には、人間の行動と同じように合理的理由があります

同じ街に同じ業種の店が集まる〝目からウロコ〟の理由

横浜の中華街や東京の秋葉原に行ったことがある方は、同業種店舗の多さに驚いたことでしょう。横浜中華街は、どこもかしこも中華料理屋さんで、秋葉原は路地の裏通りまで電気屋さんがひしめいています。

競合店があんなに多くて、よく経営していられるなぁと不思議に思う方も多いでしょう。自分だったらもっとライバルが少ない場所に店をオープンさせるよ、とも。

でも、中華街や秋葉原にあるお店は、決して無計画に場所を決めたわけではありま

せん。中華料理屋を開こうと思った時に、たまたま中華街の中の土地が空いていたから、そこに店を作ったわけではなく、商売をするにはそこが有利だから、中華街に店を構えているのです。

ライバル店がどこに出店するかを読む「ゲーム理論」を理解すれば、なぜ競合店があんなに集中しているか、ご理解いただけると思います。

「まわりにライバル店がない場所」の方がいい？

「どこに店を出すべきか？」という質問をすると、多くの人が「まわりにライバルがいない場所」と答えます。これはすごく自然な発想で、的を射ています。なぜなら、まわりにライバルがいなければ、お客さんはみなさんの店に行くしかないからです。

似たようなお店がひしめく場所では、「隣の店のほうが10円安い」「向こうの店のほうが、店員の愛想がいい」など、ありとあらゆる点がお客さんに比較されます。でもその場所にみなさんの店しかなく、お客さんが他に選べなかったら、そんな競争も起こりません。みなさんは「独占企業」になれるのです。

でも、そんな特別な商品がなかったら？

大丈夫、それでもまだ独占企業になる方法があります。独占するのは商品じゃなくてもいいんです。場所や時間を独占しても、「独占企業」になれます。「場所を独占する」とは、「その場所では自分しか商品を売れない」ということ、「時間を独占する」とは、「その時間帯は自分しか商品を売れない」ということです。

だから、必ずしも特殊な商品を売っていなくても、その場所やその時間帯に商品を売っている人が自分しかいなかったら、その人は「独占企業」になるんです。

なんだか難しい言葉が出てきたけど、それとお店を出す場所とどういう関係があるの？

結論から言いますと、「独占企業」になれれば、商売がかなり有利になります。自分しか商品を売っていなければ、お客さんは自分から買うしかない。多少高くても、品ぞろえが悪くても、お客さんは買ってくれるんです。だから、独占企業になりたいと考えている社長さん、店長さんは数多くいます。

「独占企業」になると、市場を独占するわけですから、商売がずっとやりやすくなります。だから、どこにお店を出すか考えた場合、できるだけライバルが少ない場所に出そうと考えるのは自然なことなんです。

それでも「ライバルがいない場所」は失敗する

では、最初の質問に戻ります。仮にみなさんが喫茶店「ポケットCafe」のオーナーだとして、新しく店を出す場所を探しているとしましょう。みなさんだったら、どういう場所にお店を出したいですか？

そりゃ、お客さんがたくさん来そうな場所だよ

そうですよね。お客さんがたくさん来る場所に店を開けば、たくさん儲かりそうです。でも、ライバルの「ブラック茶屋」も同じことを考えて、場所を探しています。「ブラック茶屋」のメニューはみなさんの「ポケットCafe」とほぼ同じ。味で差をつけることはできず、お客さんは近いほうに行くとします。この時、みなさんはどこにお店を作ったらいいでしょうか？ それを地図上で考えてみます。

みなさんの喫茶店は、観光客向けではなく、地元住民向けの店です。なので、住宅地に作ることにしました。住宅はこの地図上でまんべんなく散らばっています。

［どこに出店する？］

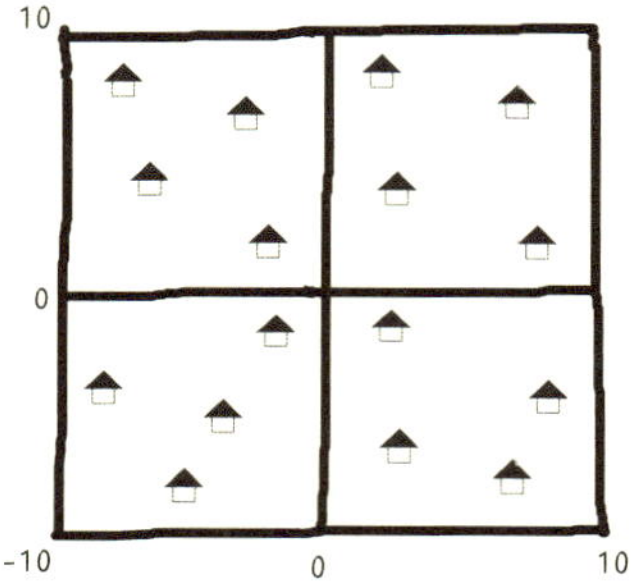

［はじっこなら競合しない？］

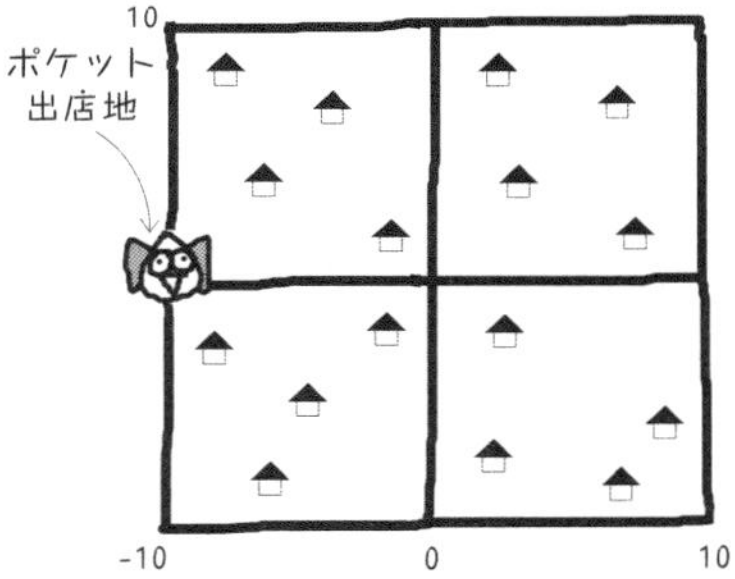

独占企業になったほうが商売がしやすいんだったよね。だったら、ライバルのブラック茶屋からできるだけ離れたいから、地図のはじっこに出店するよ

なるほど、競合店からできるだけ離れたいわけですね。でもこの作戦はよくありません。「ポケットCafe」がそこに出店したら、「ブラック茶屋」の思うつぼです。

なんで？？

［これじゃお客さんが来ない！］

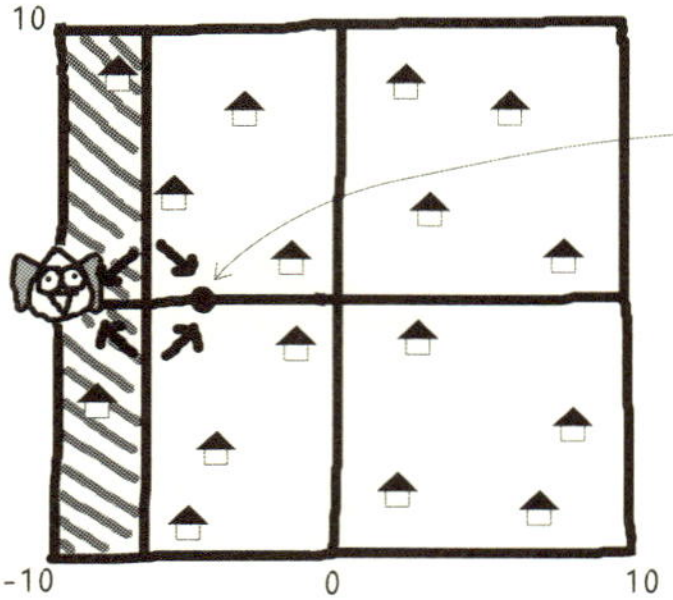
10
-10
0
10
ブラック茶屋は
一番多くのお客
さんを独占できる
ココに出店

できるだけ自分のエリアが広がるようにしたい！

みなさんが地図のはじっこに出店した時、「ブラック茶屋」はここに店を出します。

こうすると、街の8分の7の家からは、「ブラック茶屋」のほうが近くなります。みなさんの店には街の8分の1のお客さんしか来てくれません。これは嫌ですよね。場所を選びなおしましょう。今度はどこにしますか？

では、できるだけ多くの住宅から近いほうがいいので、今度は「ブラック茶屋」の隣に出すことにしましょう。そうすると、地図の右側はすべてみなさんの「ポケットCafe」に来てくれます。

でもそれを知った「ブラック茶屋」は黙っていません。お店の場所を移動させ、「ポケットCafe」のすぐ隣に来ました。

これを繰り返していくと、どうなるでしょう？

［お客さんを求めていくと…］

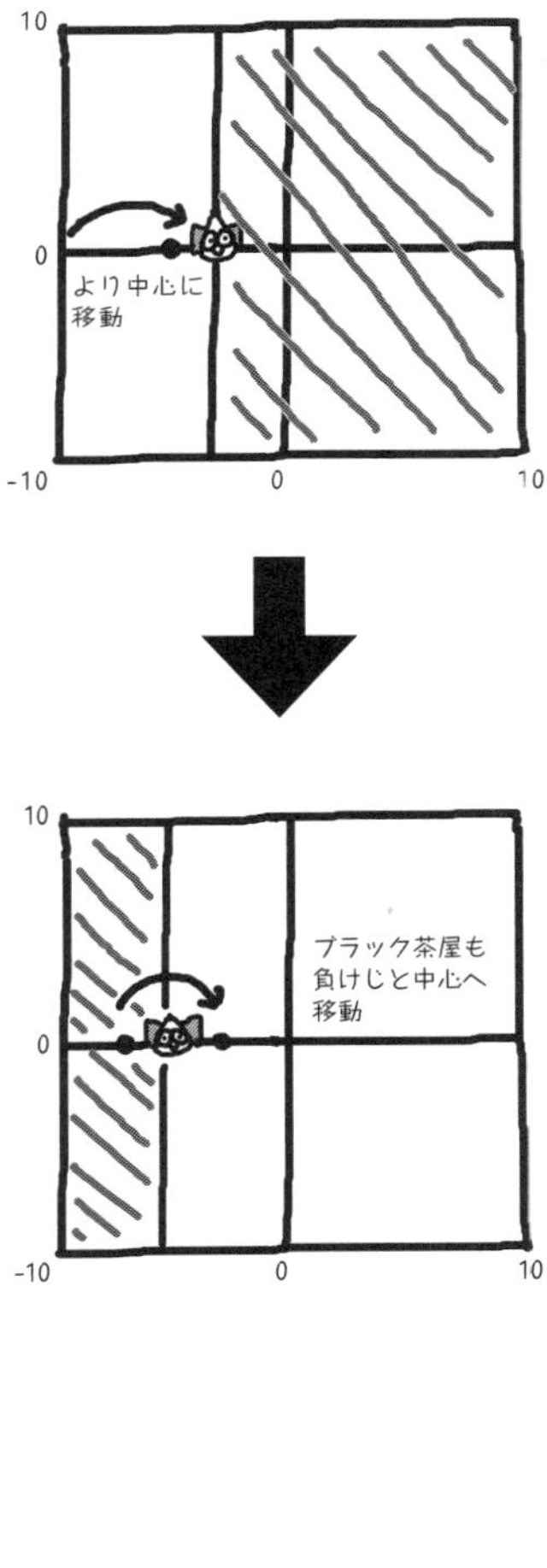

あ、2店とも地図の真ん中に来る

その通りです。できるだけ多くのお客さんを取ろうすると、2店舗とも同じ位置に来てしまうのです。以上のようにゲーム理論を使って考えると、お店がどうやって開店場所を選んだのかが説明できるんです。

秋葉原はなんで電気屋さんばかりなのか

同じ街で新たに店を開くふたつの喫茶店が、より多くのお客さんに来てもらおうとするとすぐ近くに開店せざるをえないというしくみは、さらにこの街に新しい喫茶店が進出してくる時も一緒です。

その喫茶店も、また地図の真ん中に店を構えることになります。4店舗目も5店舗目も一緒です。こうして同じ業種の店が集中する「喫茶店街」が出来上がるのです。

［お店が集まればお客さんも集まる］

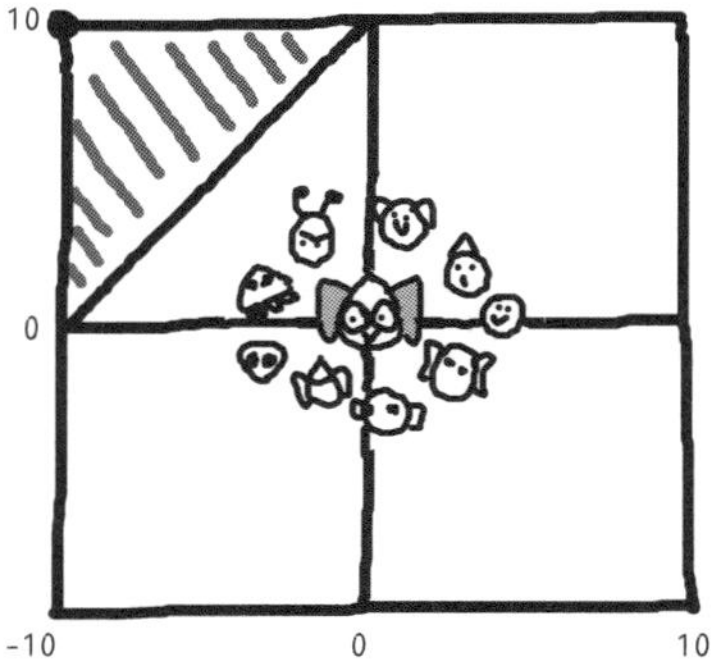

でもそれだとライバル店が多くなるから、安売り競争になって大変じゃない？

確かに、似ている商品がすぐ近くでも売られている場合、お客さんは安いほうで買います。だから安売り競争になりやすいというのは事実です。でもだからといって、ライバル店から離れた場所にお店を出すと、そもそも来てくれるお客さんが減ってしまいます。だから、値下げ競争を承知の上で、お店が集中している場所に出店するんです。

なるほどね。隣の店と直接競争してでも、お客さんがたくさん来てくれそうな場所に出店したほうが、商売には有利なんだね

遊園地のジュースが高いのは当たり前⁉

遊園地や映画館の中にある自動販売機は、値段が普段より高いよね。なんで？

それはさっき話した「独占企業」の話と関係があります。

普段、コンビニや自動販売機でジュースを買うと、１２０円で買えますよね。その

ジュースを１５０円で売ろうとしても、ダメですね。誰も買ってくれません。なぜならすぐ近くに同じものを１２０円で売っているお店があるからです。

でも、もしみなさんが遊園地の中にあるジュース屋さんだったら、話は変わります。お客さんは、遊園地の中でしかジュースを買えません。だから、お客さんはみなさんからしかジュースを買えないわけです。

つまり、「遊園地」という場所の中では「独占企業」になったのです。

そうなると、通常１２０円のジュースを１５０円で売ることができます。「ちょっと高いなぁ」と思っても、お客さんは買うしかありませんね。

24時間営業のファミレスやコンビニは深夜の時間を独占できる

じゃぁ「時間を独占する」って、どういうこと？

たとえば、レストランやコンビニエンスストアなど、24時間営業のお店があります。

みなさんが24時間営業のレストランのオーナーだったとしましょう。夜遅くまで仕事をして、おなかをすかせた人が終電で帰ってきました。昼間ならたくさんレストランが開いていて、その人はどこに行くかを選べます。でも、今はみなさんの店以外閉まっていますから、みなさんの店に行くしかありません。つまり、まわりの店が閉店している深夜や早朝の時間帯だけ、みなさんの店は「独占企業」になるのです。

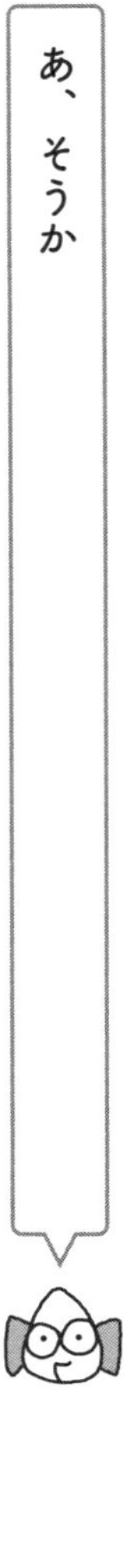

そうなると、みなさんは通常メニューではなく、割高な「深夜メニュー」を売ることもできます。深夜のお客さん全員から「深夜料金」をもらうこともできます。払いたくなくても他に店が開いていませんから、お客さんは割高な料金を払ってみなさんのお店を利用するしかありません。

多くの会社が似たような商品を出すのは理論的に決めているから

同じ種類のお店が近くに集まるわけは分かったけど、そのお店が同じようなものを売るのはなんで？　ライバルに勝つにはなるべくオリジナルなモノを売ったほうがいいんじゃない？

いい所に目をつけましたね。じつは、「どこに店舗を出したらいいか」という決め方は、「どんな商品を売り出したらいいか」の決め方にも通じます。その理論に従うと、どうしても「似たような商品」になってしまうんです。

新商品を考える時も、できるだけ多くのお客さんに買ってもらいたいと思って、内容を決めます。でも、お客さんの好みは各自バラバラなので、全員が必ず買うというものは作れません。さっきの地図でお客さんがバラバラに住んでいたのと同じで、お

［なるべくみんなに好かれたい！］

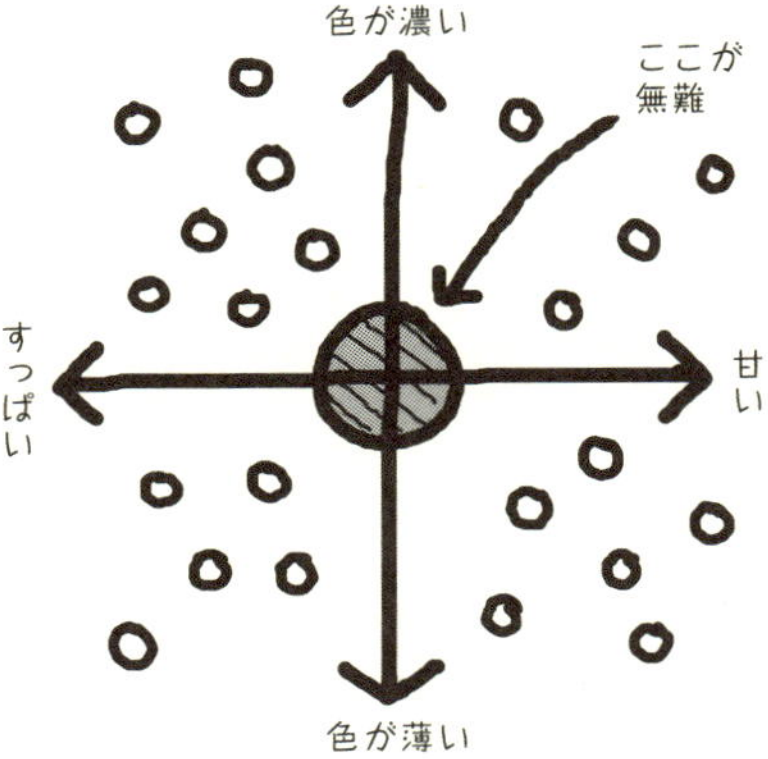

客さんの好みもバラバラなんです。

ではどうするかというと、できるだけ多くのお客さん（の希望）に近い商品を作るんです。考えてみれば当たり前ですね。お客さんが欲しいと言うものを作る。単純なことです。

でも各社が同じように「多くのお客さん（の希望）に近い商品」を出すと、どうなるでしょうか？　お店には、たくさんの会社の商品が並ぶけど、内容はどれも同じという状態になります。お客さんの希望はいろいろありますが、少数派の希望は商品に反映されず、どれも似たり寄ったりで特徴のない商品が並ぶことになるんです。

これは、お店のメニューでも、メーカーが

自分の会社の商品を作るときでも、考え方は同じです。ライバルに勝つためには、できるだけオリジナリティのある商品にしたほうがいい気がしますが、どうしても似通ってしまうのです。

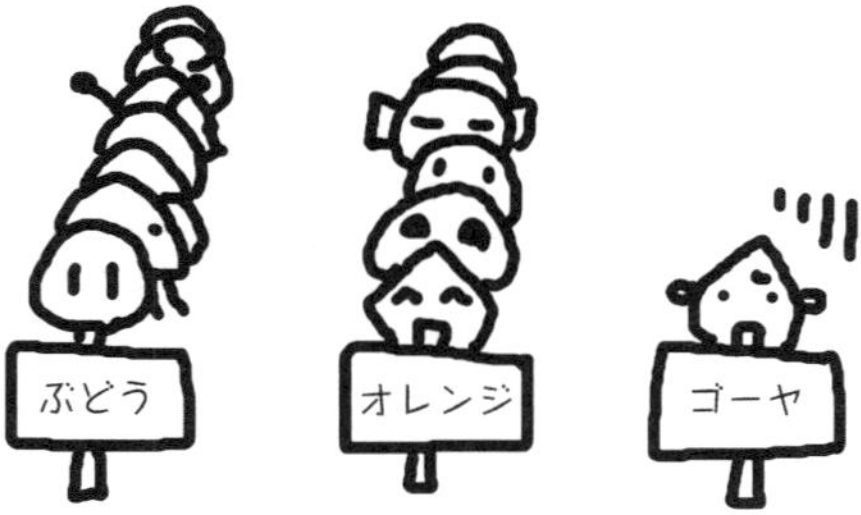

そっか、だからジュースもゲームも同じような商品が出るのかぁ。

博士のワンポイント用語解説

「独占企業」

「独占企業」とは、売る商品を「ひとり占め」している会社のことです。その会社しか売れないということですね。たとえば、ミッキーマウスのキャラクターはディズニーしか売ることができません。ニンテンドーＤＳもそうです。いくらＤＳの人気がすごくても、ＤＳは任天堂の商品ですから、任天堂しか売ることができません。このように、自分しか売れない商品を持っている会社を「独占企業」といい、また自分からしか買えない商品を出すことを「市場を独占する」といいます。

どうすればもっとたくさんお金を稼げるの？

「楽して儲かる方法」は経済学的にありえません

「世の中においしい話なんてない」

もし子供に「大人になったら楽してお金を稼ぐんだ〜」と言われたら、このように返答するでしょう。ほとんどの大人は「楽をして稼ぐ方法」なんてないと考えています。

しかし一方で、一攫千金を夢見て宝くじを買いこんだり、安易な儲け話にのって大損をしたりという体験談はよく耳にします。大人のみなさんも、どこかで楽して儲けたいと思っているのではないでしょうか？ 実社会に出ている大人がそう感じるのですから、子供が無邪気に考えるのは当然かもしれません。

しかし、経済学的に考えると、世の中に「おいしい話・商売」はありません。正確に言うと、「おいしい話・商売」には簡単に出会えません。ものすごく運がいい人か、ものすごく努力をした人だけが出会えるものなんです。

どういうことか？ それをこれから経済学的に解説していきます。「おいしい話・商売」がないことを理解するためのキーワードは、「利益率の平準化」です。

他人のアイデアをマネして稼ぐのって問題⁉

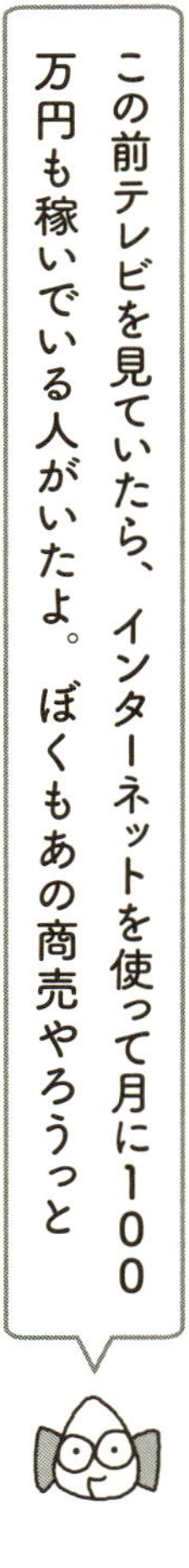
この前テレビを見ていたら、インターネットを使って月に100万円も稼いでいる人がいたよ。ぼくもあの商売やろうっと

テレビや本でたまに紹介されている、「おいしい話」「楽して稼いでいる人の話」ですね。自分もそんな商売をやりたいと思う気持ちは分かります。でも、いきなりで申し訳ありませんが、そんな「おいしい商売」はありません。

まず、「おいしい商売」とは、簡単に言うと「楽して短期間にお金を稼げる商売」のことです。お金を稼ぐのに、てっとり早く、しかも労力が少なくてすむ商売、それを「おいしい」と呼んでいます。

ですが、そのような商売はありません。そのことを説明するために、まず経済の枠組みについて説明したいと思います。

商売をする時には、国によって従わなければいけないルールがあります。細かいことは、各国・各地域の法律によって決められていますが、大きく考えると2種類の「ルール」があります。ひとつ目は「資本主義経済」、もうひとつを「社会主義経済」といいます。

自由に商売できるといっても、資本主義経済にもルールや決まりはあります。どんな商売でも完全に自由に行えるわけではありません。しかし法律違反にならなければ、自分で考えた商売を始めることは誰でもできます。

なので、いい商売ネタを思いついた人は、すぐにその商売を始めていいんです。そしてさらに、隣の人がやっている商売をやりたければ、自分もマネしてやっていいんです。

え？　そうなの？

完全に同じこと、同じやり方でやったら訴えられてしまう可能性もありますが、ほとんどの場合は問題ありません。とすると、隣で儲かりそうな商売をやっている人を見つけたら、どんどんマネする人が出てくるということですね。

たとえば「宅配便」です。もう何十年も前のことですが、個人の自宅に荷物を届けるサービスを、クロネコヤマトのヤマト運輸が最初に始めました。それまでは、「この荷物を１００個まとめて、あっちの会社まで送ってくれ」という大きな仕事を請け負うのが、運送屋さんの世界の「常識」でした。

でもクロネコヤマトの当時の社長である小倉昌男さんが、周囲の反対を押し切って「宅急便」を始めました。当初は絶対失敗すると言われたそうですが、見事に大成功しました。

クロネコヤマトが勇気を振り絞って始めた宅急便ですが、儲かる商売だと分かると、今まで見向きもしなかった会社がどんどん「マネ」してきました。今では大手数社が同様の配達サービスを実施しています。

ただし、おいしそうな商売にみんなが飛びつくと……

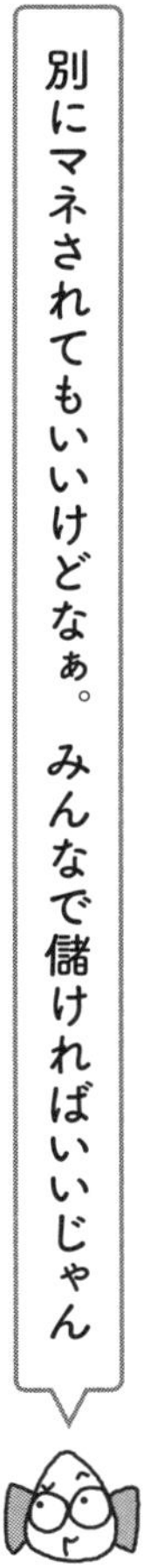
別にマネされてもいいけどなぁ。みんなで儲ければいいじゃん

そうですね。社会全体で豊かになろうという心がけは大切です。でも、そうも言っていられない事情もあります。まわりの人がどんどん同じ商売を始めるということは、

この商品の供給量が増えるということです。

そうかもしれないね。で？

需要曲線と供給曲線を思い出してください。お客さんの数（需要量）は変わらないのに、お店の数（供給量）が増えると、どうなりますか？お店同士が競争して、商品を値下げします。つまり、まわりの人がどんどんマネして同じ商品を売るようになると、自分があつかっている商品の売値が下がってしまうんです。

そしてさらに、商品の値段が下がると、通常は利益が減ってしまいます。

前に聞いた「値段を下げると、たくさん売らないといけなくなる」って話ね

覚えていましたね。その通りです。

［価格 ＝ 利益 ＋ 費用］

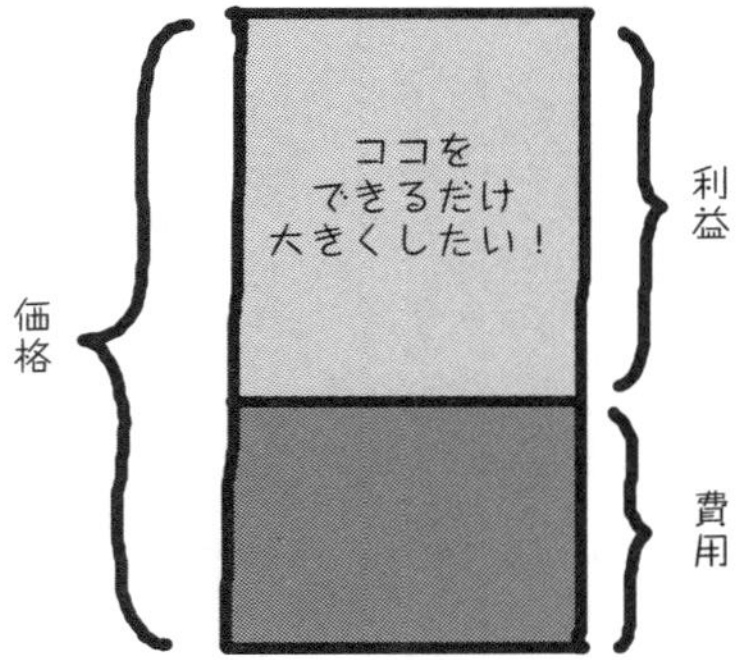
ココを
できるだけ
大きくしたい！
利益
価格
費用

前に説明したのは、商品の値段を下げると、同じ金額を稼ぐために、より多くの商品を売らなければいけなくなる、という話でした。値下げをしたら、同じ金額を稼ぐために、前よりたくさん売らなければいけないんですね。

今回はもう一歩進んで、「利益率」について考えていきます。「利益率」とは、売値のうちどのくらいが売り手の利益になるか、という割合です。

みなさんが自分の商品を売る場合、価格（その商品をいくらで売るか）の他に、費用（その商品を作って売るのにいくらかかるか）と利益（その商品を売ると自分はいくら儲かるのか）を気にしなければいけません。

本当においしいかどうかを決めるポイントは「利益率」

「価格」「費用」「利益」のこの3つの金額のうち、利益を価格で割ったもの（利益／価格）を「利益率」と呼んでいます。じつはこれがすごく大事なんです。なぜなら、そのビジネスが「おいしい商売」かどうかを判断する目安が、この利益率だからです。

利益率を見ると、おいしい商売かどうかが分かる……？

そうです。どういうことか説明しましょう。

他人にモノを売るというのはすごく大変な仕事です。まず自分が持っている商品を説明して、良さをアピールし、納得してもらって初めて買ってもらえます。だから、商品を売る場合、自分の利益の金額が大きいほうがいいわけです。

そして商品を売ると、「どのくらい自分の利益になるか」を示しているのが、この「利益率」です。そして利益率が高いほうが、割がいいということになります。

値段が高い商品を売るほうが儲かるんじゃないの？

それは違います。商品の値段が高ければ、利益が大きくなるということではありません。確かに、値段が高い商品のほうが1個売った時の利益は大きいケースが多くなります。でも仮に１００万円の商品を売っても、費用が99万９９９９円かかってしまうこともありえます。もしそうなったら、利益は1円になってしまいますね。商品の値段と利益の大きさは必ずしも連動しないのです。

こういう例もあります。

世の中で１００円で売っている商品があり、この商品は49円で仕入れることができます。あるスーパーの店長がこの商品を見つけ、自分のお店で売ることにしました。安くしたほうがたくさん買ってくれると思って、値段を50円にしました。

他のお店の半額で買えるので、お店は大繁盛！お客さんが１００人来て、みんな喜んで買っていきました。たくさん商品が売れたので、たくさん儲かっていると考えていた店長ですが、49円で仕入れて、50円で売ったので、利益は1円だけ。１００個売っても１００円の利益にしかなりませんでした。

今の話を聞くと、実際に儲かる金額が大事だと思うんだけど。でも利益率が重要なの？

鋭い質問ですね。確かに、利益の金額自体が重要になる場合もあります。ですが、利益の金額だけでは分からないことがあります。それは、その商売にかかる労力です。

たとえばこういうことです。

近所の人が、やきいも屋さんの商売を始めて１００万円利益が出たと聞きました。すごいですね。ここで質問です。みなさんもやきいも屋さんを始めようと思いますか？

やる！ １００万円も利益が出るんだったら「おいしい商売」だよね

分かりました。でもひとつお伝えし忘れていました。この近所の方は、１年３６５日休まず早朝から夜遅くまで働き、１日平均で１００個やきいもを売りました。その結果として、１年間で１００万円の利益を出しました。

そんなに働くの？ １００万円はうれしいけど、１年中休みがないっていうのは……

そうですよね。一般的に考えると、１年中働いて利益が１００万円というのは、あまり割がいい仕事とは思えません。１００万円は大金ですが、この人は１日１００個、１年で３万６５００個のやきいもを売っていたのです。

100万円利益を上げるために、そんなに売らなきゃいけないんだね

このケースは、1個売っても利益を少ししか稼げず、たくさん売らないと儲からないというケースです。利益率が悪いんですね。そう考えると、この商売は「あまりおいしくない」と感じると思います。

そもそも、「おいしい商売」とは、自分がかける労力に対して、利益が大きい商売を指します。

一般的に、家や車のように値段が高い商品は、毎日売れるわけではなく、売るのが大変です。ひとつ売れれば儲かる金額も大きいですが、なかなか売れないので、それほど儲かりません。

また、簡単に売れたとしても、値段が安く、数をたくさん売らなければいけない商品も「おいしい商売」ではありません。数をたくさん売るのは労力がかかるからです。

でも、どちらにしても、その商品の値段のうち、どのくらいが自分の利益になるかを見れば、割がいい商売かどうかが判断できます。

「おいしい商売」は、すぐにおいしくなくなる

ここまで説明したことを整理します。

◎日本やアメリカが採用しているような資本主義経済では、人がやっている商売をマネして自分で始めてもいい

◎マネする人が増えると、その商品の供給量が増える

◎利益率が「おいしい商売」かどうかを見極めるポイント

この話の当初の目的は「楽して稼げるおいしい話はないということを子供が理解できるように説明する」ということでした。まだここまででは、「おいしい話がない理由」になっていません。そこで最後に、「おいしい商売があったとしても、マネする人が増えると、利益率が下がって『おいしい商売』じゃなくなる」という話をします。こ

れが「利益率の平準化」です。

まったく意味が分かんないんですけど

大丈夫です。順番に説明します。

まず、世の中に「おいしい商売」があったとします。そうすると、「楽して儲けたい」と考えている人は多いので、その「おいしい商売」をみんなが一斉にマネし始めることでしょう。その人たちはみんな同じ商品を売り始めるので、その商品は供給量が増えます。つまり、いろんなところでたくさん売っている商品になるわけです。

そこまでは分かったよ。でも「おいしい商売」は「おいしい商売」のままでしょ？

それが違うんです。いろんなところでたくさん売られるようになると、商品の値段

が下がります。これはさっき説明した通りですね。そしてここからが問題です。商品の値段を下げると、自分の利益が減るんです。

え？なんで？

［利益がしっかり出ている！］

商品の値段を下げても、かかる「費用」は変わらないからです。あらためて「価格（売値）」、「費用」と「利益」の関係を説明すると上のようになります。

もしＡＢＣチョコを作る費用が60円かかり、利益を40円にしたら、ＡＢＣチョコの値段は１００円になります。商品の価格は「費用」と「利益」を単純に足したものですね。つまり、商品の価格と費用と利益は

［利益が削られちゃった！］

3つとも関連しているのです。

でも、3つが関連しているといっても、価格を下げたら、かかる費用も一緒に下がるかというと、そうではありません。ABCチョコの値段が10円安くなったら、自動的に費用も10円安くなるかというと、決してそうではないんです。とすると、商品の価格が下がった分は、自分の利益を減らして調整するしかありません。

「おいしい商売」と思われて、みんながどんどんマネしてきた結果、価格が下がって利益が削られてしまいました。そして利益が削られると、利益率も下がりますね。

ずっと下がっていっちゃうの!?

いえ、ずっと下がっていくわけではありません。どこまで下がるかというと、「フツーの商売と同じ利益率になるまで」です。まわりの人はフツーの商売と比べてその商売の利益率がいいから、マネしてきたわけです。だとしたら、他と比べて少しでも割が良く、利益率が少しでも高ければ、新しくマネする人が出てきます。でもその結果、さらに利益率が下がります。

これをくり返していくうちに、やがて「おいしい商売」はフツーの商売と同じ利益率になります。利益率が「平均的」「標準的」になってしまうわけです。これが「平準化」です。

このように、経済学的に考えると、

①利益率が高い「おいしい商売」は、みんながマネする
②その結果、商品の供給が増える
③その結果、利益率が下がる
④その結果、おいしい商売は、やがて必ず「フツーの商売」になる

これは経済原則で、必ずそうなってしまうのです。だから世の中に楽して稼げるおいしい話はないんです。

もし本当に画期的な商品があって、楽して売れる、寝てても売れるという商売があったとしても、それは本当に最初だけ、一時的なものです。少し時間がたてば、「フツーの商売」になります。

ということは、「おいしい商売」は一時的には存在するってことだよね？　ぼくが聞いた話は、本当に「おいしい」と思うんだよ。一時的でもいいから、やったほうがいいよね

おっしゃる通り、一時的には「おいしい商売」がある可能性はあります。でも、そんなみんなが欲しがる情報が、なぜみなさんのところに来たのでしょうか？　その情報を突き止めるのにものすごく努力しましたか？　そんな素晴らしい情報を教えてくれる特別な知り合いがいるのでしょうか？

冷静に考えると、みなさんにその情報を教えると、教えた人はライバルを増やしていることになり、損をすることになります。自分が損をするようなことを、なぜ人に伝えるのでしょうか？

これらの質問に自信をもって、明確に答えられない場合は、何か裏があるかもしれない、と考えたほうがいいかもしれません。もし、「これは『おいしい商売』では？」と思うことがあったら、この本を思い出して、冷静に判断してください。

なるのが難しい職業ほど、給料は高くなる

ここまでに説明してきたように、どんなに割がいい商売でも、最終的にはフツーの商売と同じくらいになってしまいます。みんなが自由に商売をしていると、必ずそうなってしまうんです。

だとしたら、どんな仕事でも稼げる給料は同じなの？

今までの流れから考えると、そう感じますよね。でも、それは違います。世の中にはたくさんの職業がありますが、医者や弁護士のように軽く年収1000万円を超えるものから、年収200万～300万円の仕事まで、収入はさまざまです。

あれ？　みんな稼げる仕事をマネするから、結局同じ給料になるんじゃないの？

それがちょっと違うんです。医者や弁護士は稼げる仕事なので、みんながなったとしたら、給料は下がっていくでしょう。これは先ほどの話と同じことです。

でも、この場合はそう簡単にはいきません。なぜかというと、医者や弁護士は誰でもなれるわけではなく、なるためにはものすごい努力と能力と時間が必要だからです。

医者や弁護士が稼げる仕事であることは、多くの方がご存じでしょう。だったら、自分も医者になろう！　弁護士になろう！　と考える人が大勢いても不思議ではありません。

でも日本で医者になるためには、受かるのが非常に大変な大学の医学部に合格し、6年間勉強して医師国家試験を受け、合格後、研修医として2年は修業しなければいけません。大学受験の時期から考えると10年程度は必死に勉強する期間が必要なんです。弁護士も多くの場合大学を出た後に、法科大学院という専門の学校に行き、そこを卒業できたらようやく修業期間に入れます。こちらも長い時間努力しなければなりません。

なので、いくら「稼げる仕事」だからといっても、なろうとする人も、実際になれる人も多くない。簡単に「マネ」できないんです。

そうか……じゃあたくさん稼げる仕事をするのはムリなんだね……

そうではありません。医者や弁護士以外でも、お金をたくさん稼げる仕事はあります。ひとつずつリストアップするよりもぼくらの給料がどうやって決まっているか、どうすれば給料を高くできるかを説明します。

経済学で考えると、給料の決まり方は大きくふたつに分けられる

日本で働く場合、給料の決まり方には大きく分けてふたつのパターンがあります。

このパターンは就職する会社によって違います。

山田さんと林さんのふたりは、別々の会社で働いています。山田さんも林さんも営業職で、毎月毎月「これ以上は売ってこないとダメ」という「ノルマ」があります。

ふたりとも同じように一生懸命働いていますが、給料の決まり方は、違うようです。

山田さんの場合

山田さんの会社では、年齢が高い社員のほうが給料が高いという「年功序列」の給料体系です。どれくらい商品を売ることができたか、という営業の成績よりも、年齢に合わせて給料が上がっていくタイプです。

ただ、個人の営業成績は年2回もらえるボーナスに反映されます。山田さんは今年、成績が良かったみたいなので、ボーナスは少し多めにもらえるでしょう。

林さんの場合

一方、林さんの会社では年齢はまったく関係なく、実際にいくら売ることができたかで、すべての給料が決まります。給料は営業成績に応じて、半年ごとに変更され、急激に上がる人もいれば、急激に下がる人もいるようです。林さんは標準的な成績でした。後輩の村田さんはすごくいい成績だったので、給料が一気に増え、来年から林さんの上司になることが決まりました。

山田さんと林さんは、同じように一生懸命仕事をしています。でも、給料の決まり方が違うので、給料の金額も違います。

給料の決まり方のパターンはふたつ。まずひとつ目は、山田さんの会社のパターンです。「社員が明日も働けるために必要なお金を給料として渡す」という決まり方です。もうひとつが林さんの会社のパターンで、「社員が働いてこれだけ利益を出したから、その一部を給料として分ける」という決まり方です。

給料の法則①　その人が明日も働くためにはいくら必要か

順番に説明しますね。まずひとつ目のパターンです。
山田さんの会社では「社員である山田さんが明日も働くため」に、給料を支払っています。山田さんが明日も働くためには、お金が必要です。社員は人間なので食事をして家で休まなければいけません。また、大好きなカラオケに行って気分転換もしなければいけません。

しかし食事するのも家で休むのも、気晴らしに遊びに行くのもお金がかかります。だから会社が給料としてお金を渡しているんです。給料明細にそんなことは書いてありません。でも、経済学的に考えるとそういうことなんです。

他にも、社員が休む場所を「社員寮」や「社宅」として会社が用意しているケースもあります。もし山田さんに家族がいれば、家族も養わなければいけません。

へぇ～、仕事をした分、お給料をもらっているんじゃないんだね

さらに、特殊な能力や知識が必要な仕事は、勉強して訓練した期間の分も、お給料をもらえます。この「勉強期間」がなかったら、その人は社員として働けないわけなので、その「勉強期間」の分も上乗せした給料をもらえるのです。

実際、医者や弁護士の給料が高いのは、医者や弁護士になるのに、すごく長い時間準備をしなければいけないからです。もちろん、やっている仕事も大変で責任が重い内容です。ですが、基本的には、「なるのが大変だから」給料が高い。なので、もし医者や弁護士に簡単になれる時代が来たら、今よりもずっと給料は下がるでしょう。

これがひとつ目の「社員が明日も働けるために必要なお金を給料として渡す」というパターンです。考えてみると、この場合その人がどれくらい優秀で、仕事ができるかは、給料と関係がありません。能力とは無関係に給料が決まっているんです。

でも、うちのパパは「お父さんは同期より出世が早いんだぞ」って言ってたよ

能力と関係なく給料が決まるとはいえ、一生懸命仕事をする人が、まったく仕事をしない社員（窓際社員）と同じ給料だったら、納得しません。嫌気がさして、会社に来なくなってしまうかもしれませんね。

だから、「あなたのほうが優秀で、会社もあなたに期待していますよ」と伝えるために、多少給料に差をつけているんです。これは、伝統的な日本企業に多く、年をとるにつれて給料が上がる「年功序列」のパターンです。

給料の法則② その人がどれくらい利益を稼いだか

じゃぁ、ふたつ目のパターンは？

これはひとつ目と反対で、さっきの林さんのように「社員の能力次第で給料が大幅に変わるパターン」です。よく「成果主義《せいかしゅぎ》」とか「実力主義《じつりょくしゅぎ》」といわれます。

［「実績」以外はお給料に結びつかない…］

ちゃんと利益を
出しました！
あなただけ
昇給！
家族が
増えました
資格を
もっています

ひとつ目のパターンが、「明日も働くために必要だから給料を渡す」のに対し、こんどは「社員ががんばって仕事をして会社が儲かったから、社員にその一部を分ける」という考え方が基本になっています。

だから、家族が増えても、食費にどれだけかかっても、給料の額は変わりません。そのかわり、仕事で成功して会社が儲かれば、自分の給料も上がります。しかし反対に、仕事がうまくいかなければ給料は下がります。

この場合は、はっきり「あなたはこれくらい利益を稼いだので、給料はこれくらいです」と言われることが多いです。

このパターンは、もともと外国の企業（外資系企業）や、できて間もない会社（ベンチャー企業）などで採用されていました。

実力主義の会社は大変そうだね……

どちらのパターンにも「良いところ」と「悪いところ」があります。どちらを選ぶかは、みなさん次第です。世の中の流れとしては、「年功序列」と「実力主義」のいいところを両方取り入れる企業が増えているようです。

そもそも「会社」って誰のもの？

そういえば最近、会社同士が合併するっていうニュースを見たけど、合併するかは社長同士がＯＫすればいいの？

社長以外に、「株主」の了承が必要です。株主は、会社に出資した人で、会社の所有者です。ということは、この人がその会社の従業員であるかどうかは関係がありません。つまり、株主であって従業員でもある人、つまり自分が出資した会社で働いている人もいますが、そうでない人もいます。

株主と従業員の組み合わせを考えると、4つのパターンがあります。それぞれどういう人たちなのか確認してみましょう。

	株主	株主じゃない
従業員	**株主で従業員の人** 自分が出資した会社で働いている人	**従業員だけど株主じゃない人** その会社で働いているけど、出資はしていない人
従業員じゃない	**株主だけど従業員じゃない人** 自分が出資した会社で働いていない人	**従業員でも株主でもない人** 無関係な人ですね

ここで、会社の重要事項は誰が決めるかを考えます。

やっぱり、その会社で働いてる従業員が決めるんじゃない？毎日仕事してるわけだし、一番よく分かってるはずだよ

そうですね。それはもっともな意見だと思います。でもじつは違うんです。会社の重要事項を決めるのは、「株主」です。株主であれば、重要事項を決める権利があります。

でも従業員には権利はありません。いくら会社のために一生懸命働く優秀な従業員がいても、その人が株主でなければ、何の決定権もありません。反対に、会社の仕事をまったく知らなくても、株主であれば、決定権があります。

え〜、なんで？何も分からない人が決められるなんて、そんなのおかしいよ

そう感じるのもムリはありません。でも、この話を聞けば納得していただけるでしょう。少し乱暴なたとえかもしれませんが、株主と従業員の関係は、「自転車の持ち主」と「自転車屋さんの関係」に近いんです。

いい自転車を買った太郎君は、最高の状態で自転車に乗るために、自転車屋さんにメンテナンスをお願いしました。自転車屋さんは毎日いろいろなところをチェックして、手入れをしています。

ある時、太郎君は自転車に乗りながらいつでも遊べるように、iPhoneを備えつけようとしました。ところが自転車屋さんが言うには、今の状態が最高で、iPhoneを取りつけたら自転車の状態が悪くなるとのことです。太郎君は多少状態が悪くなるのは仕方がないと言っていますが、自転車屋さんは自転車を最高の状態にしておくことが仕事なので、どうしてもiPhoneを組み込もうとしません。

さて、どうしましょうか? 所有者である太郎君は「iPhoneをつける」、でも毎日メンテナンスをしている自転車屋さんは「つけない」と言っています。この場合、自転車屋さんは所有者である太郎君の意見に従わなければいけません。自転車は太郎君のものですからね。太郎君の所有物をどうしようと、それは太郎君の自由です。

じつは会社の経営もこれと一緒です。会社で働く従業員は、その会社が最高の状態でいられるようメンテナンスをするために、毎日働いています。会社について一番知っているのは従業員のみなさんでしょう。でも、所有者の決定には従わなければいけません。

もちろん、その自転車についてよく知っているのは自転車屋さんのほうですから、太郎君に対して、アドバイスすることは可能です。「もしｉＰｈｏｎｅの機材をつけたら、こんなデメリットがあります。つけないほうがいいんじゃないでしょうか？」と助言することはできる。しかし、それでも太郎君が「やる」と言ったら、やらなければ、従わなければいけないんです。


へぇ、株主って偉いんだね。いつか株主になってみたいなぁ

お金を出して株を買えば、いつでも株主になれます。誰でも株を買えるように登録

された会社（上場企業）の株であれば、証券会社で買うことができます。特別な資格や身分がなくても、銀行にお金を預けるのと同じような書類を提出すればＯＫです。

博士のワンポイント用語解説

「株主」

「株主」とは、その会社の「株」を持っている人のことです。そして「株」とは、「その会社を作るお金を出した証明書」です。世の中には、社長ひとりでやっている会社だけでなく、複数の人が集まって、みんなで経営しているケースもあります。そして中には、実際に活動できないけどお金だけだったら出せる（出資する）という人もいます。

会社も普通のモノと一緒で、みんなでお金を出し合って作ったのであれば、所有権はお金を出した人みんながもつことになります。そしてその「所有権」を表す「会社にお金を出した証明書」が「株」なんです。つまり、株主とは「その会社の所有者」なんですね。

雇う人と働く人。どっちもどっちな言い分

会社にとって人件費は悩みの種だった

戦後、日本経済が急激に成長していた時代には、今でいう「人材派遣会社」という存在はありませんでした。もともと日本では「派遣」という働き方、とくに工場や建設現場、港湾作業など、事故の危険が多かったり、機械のあつかいに資格が必要になる仕事の派遣労働は、法律で禁止されていたのです（建設現場や港湾作業の派遣は現在も禁止されています）。

工場では、社員といえばみんな「正社員」で、忙しい時は臨時に学生のアルバイト

を雇うなどして企業は経営していました。しかし、経済成長が止まり、不況になるにつれて、何度かの法律見直しを経て派遣労働をしてもいい業種が増えていきました。そして２００４年には、ついに工場労働者の派遣労働もできることになり、それからどんどん派遣労働者の数が増えていったんです。

なんで企業は派遣社員を雇おうとするの？

それは企業が利益を上げるためにコストを抑えようとしているからです。日本では、労働基準法があって、一度雇った社員を企業の都合でクビにしてはいけません。なので、いったん正社員を雇ったら、その後その人が辞めるまで、ずっと人件費を払わなければいけないわけです。

もちろん、景気が良くて仕事がたくさんある時は、ちゃんと働いてもらえますので、人件費もムダにはなりません。

ところが不況になり、仕事自体がなくなったらどうでしょう？　仕事がなくても、

[ヒマな時もお給料は必要…]

企業は社員に給料を払い続けなければいけないんです。仕事があるのにさぼっているのであれば、話し合いの上、会社を辞めてもらうことはできます。

でも、仕事自体がないのは、社員の責任ではありません。仕事が少ない、会社の業績が悪いからといって、会社の人件費を減らしたくても簡単には減らせないわけです。

このように、人件費は、企業が自由に変えられない「固定費」となります。あとから自由に変えられない、固定の費用だから「固定費」です。でも一方で、企業の売り上げは世の中の景気や状況によって変わります。売り上げがたくさん上がる時もあれば、減ってしまう時もあります。

会社が人件費を減らしたいと思うワケ

人件費を減らせないことの何が問題なの？

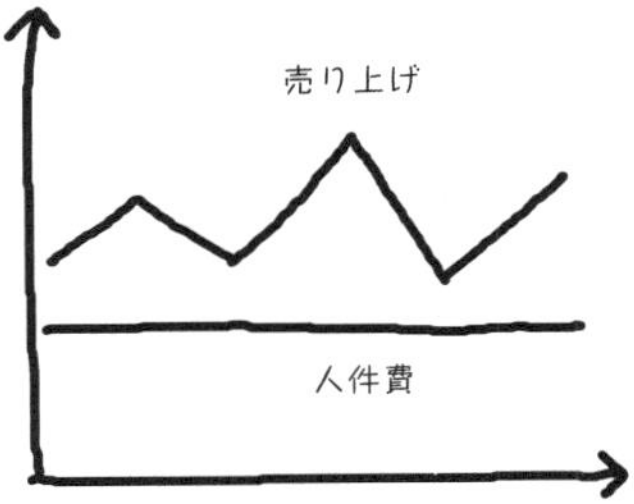

企業の利益が減ってしまうんです。企業の利益は、売った商品の値段から、それを作って売るのにかかった費用を引いた残りです。

商品がどれだけ売れるかは、その時々によって変わります。でも、毎月かかる人件費は変わらず一定です。もし景気が悪くなって商品が売れなくなっても、かかる費用は変わらないわけです。そうなると、その分利益が減ってしまいます。

じゃあ、景気が悪い時にも損をしないように、社員をあまり雇わなければいいじゃん

確かに社員を少ししか雇っていなければ、景気が悪い時でもムダな費用は払わなくてすみます。しかし、その場合は景気が良くなると問題が出てきます。たくさん商品が売れるのに、社員が少ないとあまり商品を生産できないのです。せっかくたくさん売れるのに、作れないから売れない。これは悔しくないですか？　景気がいい時は、たくさん社員を雇ってたくさん稼ぎたいと思うはずです。つまり、不景気の時は「多すぎる」と思っても、景気が良くなったら「少なすぎ」だったりするのです。ちょうどいい人数にしておくことはかなり難しいことです。

[社員が少ないと売りたいときに売れない…]

会社の悩みをスッキリ解消する方法があった！

社員の人数調整は簡単なことじゃないって分かったけど、何かいい方法ないの？

じつは、それが「派遣」なんです。派遣社員の場合は、必要な時にお願いして働いてもらい、会社が暇になったら雇うのをやめるということができます。つまり人数を調整して、忙しい時にも、暇な時にも、ちょうどいい社員数にすることができるわけです。

あれ、それだったら、アルバイトでも一緒じゃない？

いい質問ですね。その通りです。アルバイトを雇うのも、派遣社員と同じように、必要な時に期間を限定して募集することができます。人数の調整ができるという意味では、派遣社員もアルバイトも一緒です。

でもアルバイトは、本人（個人）との契約になりますよね。じつは、ビジネスの世界では、「個人」はあまり信用されていません。企業はアルバイトで雇った人たちに、あまり重要な仕事を任せないのです。

いやいや大丈夫だよ！ ちゃんと仕事するって

「個人」が信頼されていないというのは、必ずしも、その人自身を信用できないということではありません。「個人」だと、何か問題が起きた時に、責任がとれないんです。だから、会社は「アルバイト」ではなく「派遣社員」を選びます。「派遣社員」の場合は、その派遣社員さんたちが登録している「登録企業」と契約をして、「○月○日から××名派遣してください」とお願いします。会社同士の契約なんです。このほ

うが、個人のアルバイトを雇うより安心です。

世の中の景気に合わせて人数を調節するという意味では、派遣社員もアルバイトも同じですが、派遣社員のほうが安心して雇えるため、みんな派遣社員を雇うようになりました。こう考えると、「派遣」は、企業からしてみれば、必要な時に柔軟に社員を雇える、しかも安心して雇える、とても重要な方法なんですね。

派遣は「不況に弱い働き方」

景気がいい時、会社はたくさん派遣社員を採用しますが、景気が悪くなると採用をやめます。ということは、景気が悪くなると、契約を延長してもらえなかった派遣社員が増えるわけです。

さらに、景気が悪い時は、世の中の企業が全体的に厳しい経営状況ですから、どの会社も同じように派遣社員の契約をストップしています。B社との契約が終わって無職になってしまった人は、C社やD社からお声がかかるのを待っていますが、C社も

D社も同じように「今は派遣社員を雇う余裕はない」と言っています。これではどこからも声がかからず、次の仕事ができません。
「派遣」は、景気がいい時には各社から引っ張りだこになりますが、景気が悪くなると、一気に働き口がなくなってしまうスタイルなのです。

なんだか納得いかないなぁ。結局会社の都合のいいように使われているだけじゃん

実際にそういう意見もあります。会社が必要になった時に雇うということは、必要がなくなったら、雇わないということ。これでは確かに「会社のわがまま」と感じる人がいても、不思議ではありません。派遣社員として働く人たちは、いつ景気が悪くなって「無職」になるか不安な日々が続きますし、生活も安定しません。

では、「派遣」は禁止したほうがいいのかというと、そうではないと思います。もし会社が派遣社員を雇えなくなったら、また別の問題が出てきてしまうのです。

派遣を禁止すると、もっと大変なことが起こる!

「派遣」の形式で社員を雇うと、企業は必要な時に必要な人件費だけ払えばいいので、すごくメリットがあります。でも一方で、派遣で働く人たちは、契約が終わってしまえば「無職」になるので、生活が不安定になってしまいます。だったら「派遣」という働き方自体、いっそのこと禁止にしてはどうでしょう?

でも実際「派遣」が禁止されたら、労働者はもっと大変な状況に追い込まれます。多くの方が、最初から雇ってもらえなくなるのです。派遣が認められているため、企業は忙しい時に人を雇うことができました。でもそれが禁止されたら、忙しい時でも雇うことはできなくなります。

忙しくない時でもずっと正社員で雇えばいいんだよ

それはできません。もし企業が不景気でも大量に社員を雇っていたら、その企業は仕事がないのに人件費だけ払い続けなければいけません。これでは倒産してしまいます。

景気が良くて商品がたくさん売れる時は、たくさん社員がいても問題ありません。でも不景気でやる仕事もないのに、社内にたくさん社員がいて、給料だけもっていったら会社は業績が悪化して倒産してしまいます。倒産は最悪の事態ですから、倒産するくらいなら、好景気の時に少し儲けそこなうとしても、社員を増やさないでおこうと考えるはずです。

これは経済学の世界でも長い間問題視されていることです。日本でも労働者を守るために「良い条件」じゃないと雇えないように政府が規制をかけています。しかしその結果、企業が雇える人数が減り、失業者が増えてしまう。労働者を助けるつもりが、結果的に門をせまくしてしまっているんです。

一番大切なのは失業をなくす方法を考えること

会社がこのように考えると、景気がいい時も社員の数が増えず、そもそも雇ってもらえる人数が限られます。雇ってもらえなかった人たちは、ずっと働けません。でも「派遣」という雇い方があるため、年をとるまで雇ってもらえる終身雇用ではないまでも、より多くの人たちが雇われるようになったのです。

失業するくらいなら、派遣でも働けるほうがマシってことかぁ……

「派遣」というのは、これまでに話してきたような背景があって成立しているのです。

なので、契約を延長しないからといって、会社がすべて悪いわけではありません。

ただし派遣で働く人たちは仕事がない時期があって当然なので、文句を言うな、ということでもありません。もちろん派遣社員も含めて、失業はなくしていかなければいけません。「派遣」という働き方のしくみを知った上で、どういう方法がいいかを考えることが大事です。

「派遣社員」と「アルバイト」

派遣社員が問題を起こして誰かに迷惑をかけると、それはその人を登録しているA社の責任として、A社が補償や賠償金を払います。場合によっては何千万円、何億円という賠償金が支払われます。会社の場合、それができるんです。

でも個人でアルバイトに来た人が重大なミスをしてしまっても、その人に何千万円もの賠償金を請求することは実質的にできません。こうした問題があるせいで、自然にアルバイトの人に任せることのできる仕事の内容は限定されてくるのです。

第3章

「国」と「税金」のジョーシキ

お金をどんどん刷っても
豊かにはならないのです

みんながお金をどんどん使うなら税金は必要ない!?

必要だったら消費税は10%になります

最近、消費税率アップの話題がもち上がっています。2009年9月に与党となった民主党は向こう4年間は税率を上げないが、その後は上げるかもしれないというようなことも言っていました。

当初は、政権が自民党から民主党に移ったので、消費税は引き上げられないと考えていた国民もいるようですが、実際はそんな単純な話ではなかったようです。要するに誰が政権を握っても、上げなければいけないものは上げなければいけません。

ここで気になるのは、

「集めた税金は何に使っているのか？」

「本当にそんなに税金が必要なのか？」

ということです。これを知らずには、消費税率について判断できませんね。ここでのキーワードは「公共事業」です。

そもそも税金って……何？

もう何年も前ですが、社会人になって初めて給料をもらった時に、すごく驚いたことがあります。給料日に「給料明細」をもらうと、そこに税金の欄があり、当時のぼくとしては結構大きい金額が引かれていたのです。もちろん、税金という言葉は知っていましたが、その時に初めて「税金」を実感しました。

実際、年収４００万円の人は、給料から所得税と住民税（前の年に所得税の対象になった年収の10％分）を差し引かれています。その人の年収が前の年も４００万円だったとすると、税金は合計で73万円程度。所得税の税率が33％という年収１０００万円の人になると、合計はおよそ２６０万円にもなります。「年収１０００万円」といっても、実際に手元に残るのは７４０万円程度なんですね。

そんなに払うの？

それだけ税金が必要なんです。でもこんなに税金を払っていると知ると、ぼくらが払った税金が一体どこに、何の目的で使われているか気になりますよね。

でもその前に、そもそもどうして税金が必要なのか、について考えてみます。

どうして税金を払わなくちゃいけないの？

税金は、簡単に言うと「政府の活動費」です。政府が活動するために、国民から税金を集めているのです。

「政府」は、毎年毎年多くのことを決めて実施しています。ただ、決まったことを実施するためにはお金が必要です。全国の公立小学校にパソコンを導入することが決まったら、パソコンを買うお金、学校に設置するお金など、多額の費用がかかります。その他にも、全国に新しい公園を1000か所造る！　新しく橋を造る！　国営の病院を建設する！　と決めたとすると、これもお金がかかります。だから税金を集めているんです。

そんなの、必要な人たちが自分たちのお金で造ればいいじゃん

政府がお金を出して何かを造ることを「公共事業」といいますが、この公共事業で造るものは、ほぼ政府が造るしかないものなんです。

どういうこと？

公共事業で政府が造るものは、「みんなが必要としているけど、誰も自分だけでは造れないもの」です。たとえば公園。公園があれば、その地域の人たちはうれしいし、すごく便利なはずです。でも、そんなに便利なら、地域住民が自主的にお金を出し合って造ればいいはずですよね。

しかしそれはできません。問題がふたつあります。

ひとり１０００万円ずつ出してくださ〜い
シーン…

どんな問題？

まず必要な金額が大きすぎます。小さい公園を造るのにも何億円もかかります。

何億円もかかるものを地域住民がお金を出し合って造るのは、かなり難しいのです。

それに、もうひとつ大きな問題があります。使う人がお金を出し合って造るということは、使わない人はお金を出さないことになりますね。でも、お金を出さなかった人でも、公園に入れてしまいます。厳重に入場管理をしない限り、誰でも公園は使えてしまう。
経済学では、これを「フリーライド（ただ乗り）」といいます。

別によくない？ 公園なんだし、みんなで使おうよ

じつはこういう状況では大きな問題が起こるんです。お金を出しても出さなくても公園を使えると分かれば、誰もお金を出さないですよね？ そうすると、お金は集まらず、結局公園は完成しないことになります。

なるほど……。でも、だったらお金を出した人しか入れないようにすれば問題解決だよね？

それもひとつの案ですが、それでもまだ問題は残ります。

お金を集める時に、誰がどのくらい払えばいいのでしょうか？「公園を使う」と答えた人全員から同じだけ集めますか？それともたくさん利用する人からはたくさん集めましょうか？小学生の子供が3人いる塚本さん宅からはたくさんお金を集め、夫婦ふたり暮らしの中野さんはあまり公園を使わないから、少ししか集めないというのもいい考えのように思えます。

ですが、本当に塚本さんの子供はたくさん公園を利用し、中野さん夫婦は使わないのでしょうか？もしかしたら塚本さんの子供は毎日塾や習い事で大忙しかもしれませんし、中野さんは大の散歩好きで毎日公園に行くかもしれません。どのくらい利用するかを正確に言い当てることなんてできないんです。

本人たちに聞けば？

たくさん利用する人からたくさんお金を集める、でも少ししか払わなかった人も結果的に同じように公園を利用できるのであれば、みんな「うちはそんなに使わないと

思いますから、少ししか払いません」と答えるようになります。

なかには、悪意をもって嘘をつく人もいますが、そうでなくても、本当のことが自分でも分からないということもあります。

こうなると、さっきと同じ問題が起こります。みんな「うちは使わない」と言ってお金を出さないので、結果的に少ししかお金が集まりません。だから、公園は完成しません。

うーん、困った……。これじゃいつまでたっても公園ができないよ……

だから政府が造るんです。政府が税金を集めて、その地域に必要と思われるものを造る。道路や橋を建設する場合も同じです。これが政府の役割ですし、その役割を果たすために税金が必要なんです。

新しい道路や公園なんて、どこにできてるの？

道路や橋、公園など、社会が発展していく上で基礎として必要なものを「インフラストラクチャー」（略して「インフラ」）といいます。インフラは社会全体として見ると必要不可欠ですが、工事費用が莫大で個人が自前で造れるものではありません。だから政府が国民から集めた税金を使って、先頭に立って造っているのです。

それは分かるけど、新しい道路や公園ができたって話はそんなに聞かないよ。本当に造ってるの？

確かに最近は、あまり身近なところでは行われていませんね。かつて日本では、戦後の焼け野原から復興するために、ものすごい勢いでインフラを整えていきました。道路を整備して、街を造り、そこに公園を造っていきました。１９７０年代頃までは、

つねに家の近所で新しい工事が始まっていました。

しかし、インフラは無限に必要なわけではありません。ある程度整ったら、それ以上は不要です。都会のインフラはもうかなり整備が進みましたから、これ以上工事をやる必要はありません。なので、最近では、街中ではなく、山奥の道路整備や橋、ダムなどの建設が行われています。普段、道路や橋の建設をあまり見かけないのは、こういう理由です。

山奥の道路かぁ。それって本当に必要なの？

難しい質問ですね。もちろん、山奥といっても、その道路を使う人はいますので、その人たちにしたら「必要」です。でも街中の道路と比べると、必要性を感じる人は少ないですね。

利用する人が少ない道路、橋、トンネルでも同じだけ費用がかかります。それも税金を使って造られているので、「ムダ」と批判されるケースが多いのです。

じゃあ、やめちゃえばいいのに

確かにそうです。使う人がほとんどいないものを、みんなから集めた税金で造られたら、お金を出した人はなかなか納得できません。でもテレビや新聞でこんなに批判されているのに、政府は公共事業をやめませんね。たしかに、最近は縮小傾向にありますが、それでも依然として公共投資に多額のお金が費やされています。なぜでしょうか？　それは公共事業にはもうひとつの意味があるからです。

公共事業をやめられないもうひとつのワケ

公共事業を行うもうひとつの意味とは、「景《けい》気《き》対《たい》策《さく》」です。景気が悪い時に、政府が公共事業をやって、景気を良くしているのです。

へぇ〜、新しく道路ができると、景気がよくなるの？車が通りやすくなるから？

インフラ整備
景気対策
最近は役割が小さくなってきた

それはちょっと違います。新しい道路が出来上がって、みんなが便利になるから景気が良くなるわけではありません。景気が良くなるのは、政府が工事業者に仕事を依頼するからです。

「景気」とは、簡単に言うと、「世の中の会社が儲かっているかどうか」を測る言葉です。「景気がいい」とは、「世の中の会社が儲かっている状態」を示し、「景気が悪い」とは「世の中の会社があまり儲かっていない状態」を指しています。

政府が工事を発注したら、仕事を受けた工事業者は儲かります。景気が良くなるわけです。だから、世の中が不景気の時に政府が仕事を発注すれば、景気を良くすることができる。「景気対策」として利用できるのです。

公共事業が「景気対策」になるのは、今に始まったことではなく、昔から同じです。つまり公共事業は道路や橋、公園などのインフラを整備するという役割と、景気を良くする役割の両方を担っているのです。

最近ではインフラを新しく造る必要はあまりありませんが、「景気対策」は引き続き必要です。だから公共事業を続けているのです。

公共事業をやれば、どんどん景気が良くなるはずだけど……

公共事業には、さらにもうひとつ面白いことがあります。というのは、政府が100万円の公共事業を実施すると、その何倍ものお金が生まれることになるのです。

ん？ どういうこと？

まず政府が１００万円の工事を発注すると、工事を請け負った会社は１００万円受け取ります。でもこれで終わりじゃないんです。

この会社は儲かったので、社員１００人に１万円ずつボーナスを出しました。１万円を受け取った社員は、すぐに大好きな居酒屋へ食事に行きました。いつもよりお客さんが増えた居酒屋の店長は大喜び。翌日、会社でゴルフ大会を開くためにゴルフウエアを買いに行きました……。

このように、一度お金が使われると、将棋倒しのように連鎖的にどんどんお金が使われるようになるんです。こうして国が使ったお金が国民にどんどん大きな効果をもたらすことを、経済学では「乗数効果」といいます。

以前、「デフレスパイラル」という言葉が有名になりましたが、それはこの反対で、「連鎖的にみんながお金を使わなくなり、どんどん景気が悪くなった状況」を指しています。

だったら自分でお金使いたいんだけど……

公共事業をやれば景気がよくなるのは分かったよ。でもそうだとしたら、そのお金で自分が好きなものを買いたいんだけど

そう感じている方は多いと思います。公共事業を行うということは、国が、業者に仕事を依頼してお金を払うということですね。でも、そのお金にはぼくらが支払った税金が使われます。つまり、ぼくらが税金を1万円支払うと、政府はその1万円を工事業者に渡して道路を造るわけです。

だとしたら、その1万円をぼくらが自分で使っても同じはずですね。税金を支払う代わりに、そのお金で自分の好きなものを買っても同じではないでしょうか？　その場合でも、自分が1万円使ったお店が儲かるので、同じように景気対策になるはずです。

これと同じような考え方でできたのが、2009年3月に支給された「定額給付金」です。「一度税金として集めたけど、やっぱりみなさんに返すので自分の好きなように使ってください！」と言われて、大人はひとり1万2000円、18歳以下の子供と65歳以上の人はひとり2万円を受け取りました。

なんだ、じゃあ公共事業なんてもう必要ないね

それがそうとも言えないんです。みなさん全員が自分のお金を「ちゃんと使う」とはかぎらないからです。

さきほど「乗数効果」の話をしました。一度誰かがお金を使うと、将棋倒しのようにみんなが連鎖的にお金を使い、全体として大きな効果が生まれました。

でも、もし途中で誰かが「儲かったけどオレはお金使わないで貯金しておくよ」と言ったらどうなるでしょうか？「将棋

倒し」が途中で止まっちゃうんです。とすると、その先の人はお金を儲けることができません。

いじわるな人がいるんだなぁ

この貯金する人たちを責めることはできません。子供だって、もらったお小遣いを貯金することがありますよね？　それと一緒です。お金をいくら使うかは、各自が自由に判断していいはずです。

とはいっても、お金を使わない人が出てくると、その先の人たちは儲けることができなくなり、景気対策の効果も小さくなってしまいます。だから将棋倒しは途切れずにいつまでも続いたほうがいいのです。

さらに、最初にお金を使う人は一番重要です。もしこの人がいなかったら、将棋倒し自体が始まらず、誰も儲かりません。責任重大ですね。必ずお金を使ってもらわなければいけません。

でも、「君は絶対自分のお金を使わなきゃダメだ！」なんて強制されたら大変ですよね。だから政府が最初にお金を使って、公共事業などの景気対策をやるのです。政府がみんなから税金を集めて、政府が代わりにお金を使えば、確実にお金を「使わせる」ことができます。

税金を集める代わりに、みなさんが各自で好きなものを買うとしたら、さっきの例のように、貯金する人たちも出てきます。それだと景気対策の効果が弱まってしまうので、代わりに政府が使うんです。

とくに景気が悪い時は、お金を使わず貯金する人たちが増えるので、ますます「将棋倒し」が起こりづらくなります。

貯金は悪いことではありません。むしろ、将来のために計画的に貯金することは非常に大切なことです。でも景気対策の効果という点では、お金は貯めるよりも、みんなでどんどん使ったほうがいい。そのためにはやはり公共事業が必要なんです。

博士の
ワンポイント
用語解説

「税金」のいろいろな種類

お金を稼いだ時に支払う税金を「所得税」といいます。会社員であれば、所得税は給料から天引きされます。つまりお給料を受け取る時にはすでに、所得税が引かれているのです。そのため、税金は普段あまり意識する機会がないのですが、意外と金額が大きく、たとえば年収４００万円の人は37万円程度、じつに稼いだお金の約９％を税金として支払っています（税率20％から平均的な控除額を差し引いた場合）。

他にも「消費税」や、家や土地を持っていると払わなければいけない「固定資産税」、住んでいる都道府県と市町村に納める「住民税」など、ぼくらの生活には多くの税金がかけられています。

「将来が不安…」な人はここを理解しよう

「日本は年収の19・7倍も借金している」ってどういうこと？

一方で、日本には国が抱えている「借金」という問題があります。

借金？　みんなそんなにお金を借りてるの？

日本国民個人が借りているのではなく、日本という国が借金をしています。国が借金をするというのは少しイメージが難しいですね。どういうことかというと、政府が

活動する資金が足りずに、お金を借りています。それが国の借金です。

政府は社会に必要なインフラを整えたり、景気対策のために、いろいろ活動しています。通常、その活動資金は国民から集めた税金ですが、税金で集めたお金だけじゃ足りない時もあります。そんな時に借金をしてまかないます。

政府は誰からお金を借りるの？　テレビでＣＭやってる会社から？

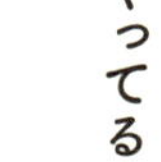

そうではありません。政府は「国債」という債券を自分で作り、それを売っています。その他の借金を含めると、日本の借金は２０１２年３月末時点で９８５兆円ほど。
金額が大きすぎてよく分からないので、宝くじと比べてみます。年末の宝くじで１等と前後賞を当てると、３億円もらえます。大学を卒業した人が一生で稼ぐお金が平均３億円といわれていますから、ものすごい大金です。
でも日本の借金９８５兆円というのは、この約３２８万倍です。宝くじの１等賞が

328万回当たって、やっと返済できる金額なんです。とてつもない額ですね。日本にはこんなに多額の借金があるんです。
さらに、ここ10年で状況は悪化し、倍にふくらんでいます。

もっと悪くなってるの!?

［増え続けてきた日本の借金］

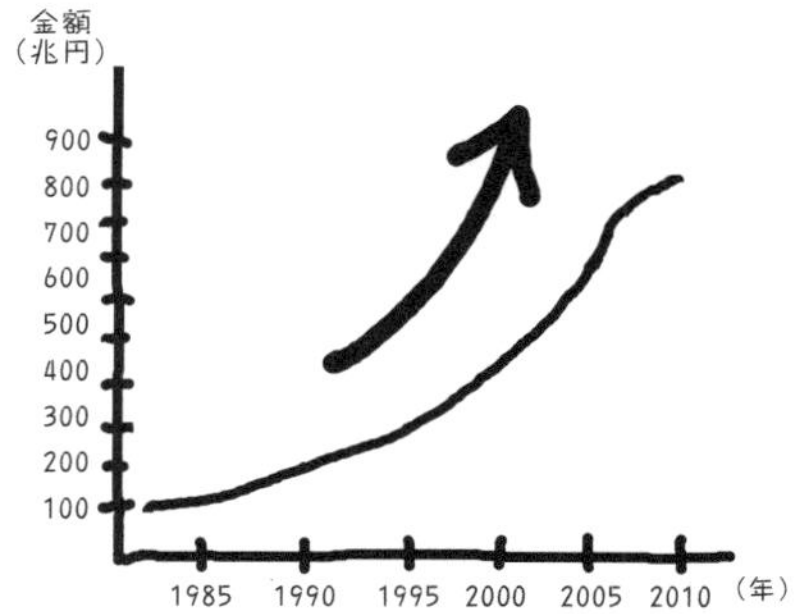
金額
（兆円）
900
800
700
600
500
400
300
200
100
1985
1990
1995
2000
2005
2010
（年）

日本政府は、毎年40兆円程度税金を集めています。その他の収入もありますが、それを含めても政府が使えるお金は毎年50兆円程度なんですね。でも毎年90兆円使っています。さらに借金の返済分も20兆円ほどあります。そのため借金が1年間で40兆円くらいずつ増えています。そんなことをくり返してきた結果、借金が985兆円になっちゃいました。つまり、税収と比較して19・7倍の借金があるということです。

この話を一般家庭に置き換えて考えると、どれだけ大変な状況なのかイメージできると思います。年収500万円の家庭で考えると、

お父さんの年収	400万円
お母さんのアルバイト代	100万円
1年で使うお金（過去の借金の返済も合わせて）	900万円
1年で新しく借金する金額	400万円
借金	9850万円

ということです。住宅や車のローンなど、借金をしているご家庭はたくさんあります。でも、年収の19・7倍もの借金があり、さらに毎年借金が増えている家庭はめったにないでしょう。この家庭が借金を返せる見込みは、ほぼありません。日本の借金はこんなにふくらんでしまっているのです。

この借金、誰が返すの？

それはすごいね……でも国の借金でしょ？　ぼくらには関係ないから、いいよ

それが、大いに関係あるんです。国の借金は、いずれ国民であるぼくらが返済しなければいけないからです。

え？　そうなの!?

考えてみると、「日本国」という人はいませんよね。「日本政府」という人もいません。両方とも日本の国民みんなをまとめて、もしくは代表してそう呼んでいるだけで

す。だから「日本国」が背負った借金は、日本国民の借金になります。国民全員で借金を返済していかなければいけません。

誰かが取り立てにくるの!?

いえ、取り立ては来ません。でも増税という形で徴収されます。

ある時、政府が「借金を返済しなければいけないので、毎年10万円ずつ税金を増やします〜」と言って、増税される日が来るでしょう。そう言われたら、ぼくらは支払うしかありません。

国の借金約９８５兆円を国民の人数で割ると、ひとり当たり約７６９万円です。20年間で返すにしても、１年で約38万円、毎月３万円以上税金が高くなる計算です。

そんなに……!? 政府は今まで借金を減らす気がなかったの？

政府もこの借金の問題は解決しなければいけないと思っているみたいですが、状態は悪くなるばかりです。毎年、返済期限が迫った20兆円くらいを返しています。でもそれではやりくりができず、毎年新しく40兆円借りている。一般家庭で考えると、毎年200万円返済している一方で、新しく400万円借金しています。

こんなに借金があり、さらに毎年借金が増え続けているのに、「景気対策」といって政府がさらにどんどんお金を使っているのが日本の現状です。これでは借金が減るわけはありません。

理由はどうであれ、増え続ける借金は、やがて国民からの税金で返済されます。だから、消費税がいずれ10％以上になってもまったく不思議ではありません。IMF（国際通貨基金）という国際組織が計算した結果（ネバダ・レポート）では、日本の消費税は20％になるともされています。日本の借金を考えると、これから先税金が上がっていくと考えるほうが自然なんです。

そんなにお金が必要なら、足りない分を印刷すればいいのに

増税なんて嫌だよ。増税するくらいなら政府が自分でお札を印刷して借金を返済すればいいじゃん！　政府だったら自由にお金を刷れるんでしょ？

ダメです。それはできません。いくら政府でも、お札を勝手に印刷することは許されていません。なぜかといいますと、お札を刷ると、世の中のお金の量が変わります。そして、むやみやたらにお金を増やすと、みなさんの生活に「インフレーション（略して「インフレ」）」という悪影響をおよぼすからです。

インフレって何？

インフレとは、「モノの値段がどんどん上がっていく状況」のことです。物価が上がっていく状態です。日本にかぎらず、世界中の国の政府がインフレになることをとても恐れて警戒しています。こう聞くと、なんだか大事件のように聞こえますね。ではインフレになると、具体的にどんな悪いことが起こるというのでしょうか？

お金は、モノを買うためにあります。だから、お金だけあっ

［このバランスが大事］

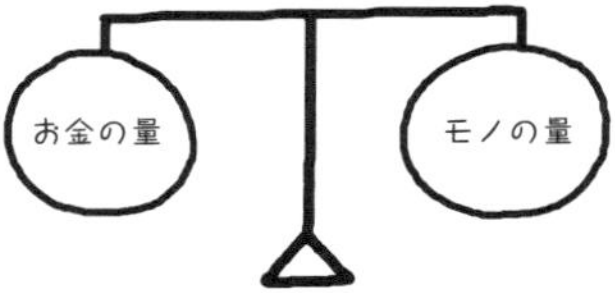

ても、買うモノがなければ、意味がありません。お金とモノはバランス良く世の中に存在していないとダメなんです。

ところが、お札を刷りすぎると、世の中のお金の量が突然増えることになります。増えたお金は、やがて国民にまんべんなく行き渡り、みんな「お金持ち」になります。

え！　お金持ちになれるの!?　じゃあ早くお札をバンバン刷ってよ！

ただし増えるのはお金だけで、お店に並んでいる商品はそのままです。お金持ちになって買いたい人はたくさんいるのに、売っている商品の数は変わらない。バランスが崩れますね。こうなるとどうなるでしょう？

ありえる解決法はふたつで、「〝早い者順〟や〝抽選〟で買える人を決める」、もしくは、「商品の値段を上げてバランスをとる」です。〝早い者順〟や〝抽選〟は大変です。つねに買えない人が出てくるわけですからね。お金も持ってるし、欲しい！って言っているのに、買えない。これではいつ何が買えるか分からず、落ち着いて生活もできません。

なので、実際は「商品の値段が上がる」のです。

お金が増えた分、そのまま商品の値段が上がれば、元に戻ってお金と商品がバランス良く存在するようになる。でも、買えるモノは元に戻っただけで、お金が増える前と比べて、生活水準は変わっていません。結局物価が上がっただけなんです。これが「インフレ」です。

インフレってそんなに悪いこと？

なるほどね。お金が増えると物価が上がっちゃうんだ。でも、それって別にたいした問題じゃなくない？

普段生活している中では、物価が上がっていてもたいして悪い影響を感じません。ところが物価が長い間上がり続けると、大変なことが起こります。子供のころを思い出すと、いろんなものが今より随分安く売られていたことに気づきます。30円で買えた駄菓子が今は60円、70円で売られています。

これは物価が上がっているということですが、実際に生活していてもとくに支障が出ているとは思えませんね。実際、数十年前と比べて物価が上がっていたとしても、指摘されるまで気づかないケースが多いものです。では、物価が上がるのは一体何が悪いのでしょうか?

インフレが起こると、ほとんどすべての商品の値段が上がっていきます。これは見方を変えると、「お金の価値がどんどん下がっていく状態」です。

つまりこういうことです。たとえば1万円札を「1万円」として使うことは変わりませんが、もし今まで1万円だった商品が2万円に値上がりしたら、今度は1万円札を2枚出さないと買えない。1万円の「役割、価値」は半分になってしまったということになります。同じものを買うのに2倍のお金が必要になったということは、お金の価値が半分になったということです。

それは分かるけど、それがそんなに悪いこと？ 1万円札が2枚必要になったら2枚持ち歩けばいいだけだと思うんだけど

物価が2倍になって、お金の価値が今までの半分になっちゃったとしても、給料も2倍になっていれば何も変わらないはずです。給料も商品の値段も2倍になって、結局前と同じ状態に戻っただけじゃないの？ と感じるでしょう。

確かに、「これから先」だけを見れば、たとえばもらうお金が2倍になって、払うお金が2倍になるだけだから、持ち歩かなきゃいけない金額が多くなるだけで、大きな問題にはなりません。

でも、みなさんが貯めていた「貯金」はどうなるでしょう？

知らないうちに貯金が減っちゃう⁉

お金の価値が変わると、こんなことが起こります。

毎年お正月にもらえるお年玉から1000円ずつ貯めて、5000円貯まりました。今年やっと、前から欲しかった限定超合金ロボを買いに行くことができます。でも、お店に行くと、今まで5000円だった超合金ロボは、1万円に値上がりしています。店員さんに聞くと「物価が上がったから値上げしました」と言われました。今年こそ買えると思ったのに……5年間もがんばって貯金したのに……。結局、あと5年貯金しないといけなくなりました。

物価が上がっても、銀行口座に入っているお金は増えません。インフレの影響で、せっかくの貯金の価値が半分になってしまったのでした。

今までの貯金で今後をすごそうと思っているおじいちゃん、おばあちゃんにしてみれば、お金の価値が下がるということは、大変なことです。また、お年寄りにかぎらず、今持っている1万円が、来年は半分の価値しかなくなってしまうとしたら、誰もお金の価値を信用できなくなります。みんなお金を持たなくなり、物々交換の時代に戻ってしまいますね。だからインフレは困るんです。

このように政府が好き勝手にお札を刷ってしまうと、インフレが起きて世の中が大変なことになります。だからいくら借金が多くても、むやみにお金を増やして借金返済にあてることはできないんです。

年金の「本当の問題」は制度のしくみにある

以前、社会保険庁のずさんな管理や対応の悪さが問題になり、年金が破綻するとニュースで頻繁に報じられていました。ですが、それは本当の問題ではありません。年金を管理すべきお役人がちゃんと仕事をしていないせいで年金が破綻するわけではないからです。

では、本当の問題はどこにあるのでしょうか？　それを理解するためには、今までの年金制度のしくみと「資産運用」について知らなければなりません。

借金を増やすだけの政府なんて、もういらない⁉

借金も多いし、政府は景気対策できないんじゃない？ 本当に政府って必要なの？

政府の役割は景気対策だけではありません。他にも国民の生活を守るためにいろいろな制度があって、それを運用しています。たとえば「年金」もそのひとつです。

年金のために支払ったお金って、国が自分専用の口座に積み立ててくれてるの？

いえ、そうではありません。これを説明するために、まず年金がどのように運用されているかについて説明しておきます。

まず、年金で受け取れるお金は、自分が積み立てたお金ではありません。自分が毎月コツコツお金を貯めて、定年退職後にそれを口座から引き出して受け取るわけではないのです。今の年金制度では、若い人が払った「保険料」を、高齢者への支払いにあてています。つまり、自分が払ったお金は、すでに誰かに支払われているんです。

［みんなで支える状態］

この制度は、人口がどんどん増えている時には、非常に大きなメリットがあります。おじいちゃんおばあちゃん、パパママ、子供の世代で人口がどんどん増えていくと、みんな同じ額の保険料を払っていたとしても、自分が支払った金額以上を受け取ることができるんです。

すごいね！ みんな払う金額よりもらう金額が多いんだ！
年金ってお得なんだね！

［支えられる人の方が多い状態］

でも、この制度にも悪い点はあります。人口が増えている時は、お金を受け取る人が少なく、支払う人が多いので、「少し払えばたくさんもらえる」という制度がうまくいっていました。しかし、人口が減ってきたらどうなるでしょう？ 仮に人口がどんどん減ってきて、支払う人と受け取る人のバランスが逆転したとします。

こうなると、パパとママはふたりでおじいちゃん、おばあちゃん4人分の年金を払わなければいけません。子供はひとりでパパとママふたり分の年金を払わなければいけません。みんな、払う金額よりももらう金額のほうが少なくなってしまうのです。

ええええ、そんなの嫌だよ！

そうですよね、みんなそう思っています。「みなさんの世代よりも、お父さんお母さんの世代のほうが人数が多いから、みなさんにはたくさん払ってもらいます」と言われても、簡単に納得できません。

だから、政府は若い人の負担が増えないように、２００９年度から高齢者に支払われる年金のうち、税金でまかなう分を3分の1から2分の1に増やしました。税金で足りない分を穴埋めしたわけです。

また税金!?　大丈夫なの??

年金の支払いを半分税金でまかなうと、1年間で約20兆円必要になります。国の借金の話をしたばかりですが、この出費は痛いですね。

年金なんてやめて、自分で貯金すればいいじゃない？

だったら年金なんてやめちゃって、各自が自分の老後のために、自分で貯金すればいいのに

年金は、老後にちゃんと生活していくための資金です。だったら、必要な分は自分で貯金しておけばいい、とも思いますよね。

でもそれはかなり難しいことです。計画的にお金を貯金できる人は、とても少ないのが現状です。貯金しようと思っても、うっかり使ってしまう。そもそもいくら貯金しておけばいいのかすら、よく分からないという方が大半ではないでしょうか？

アリとキリギリスの話では、冬に備えて蓄えておかなかったキリギリスが悪いということになっています。でも実際には、「アリ」になれる人は、ほとんどいません。だから年金という半強制の「貯金制度」を作って、半強制的に老後に備えさせることが必要なんです。

貯金するよりも年金のほうがいい?

それに、自分で貯金するのと比較すると、今の年金制度にも良い点はあります。それは、貯金するより保険料を払って年金を受け取ったほうがたくさんもらえる、という点です。

1985年以降に生まれた人であれば、今の年金制度だと払った保険料の約1・7倍の金額を年金としてもらえます。現在の日本は人口が増えるどころか減ってきていますので、集められる「保険料」もどんどん少なくなっていきます。でも、減った分は税金で埋め合わせしていますので、自分が支払った金額よりは多くのお金を受け取れるのです。これは大きなメリットですね。

**でもさぁ、銀行に預けていても、利子がつくから増えるよね？
だったら一緒じゃない？**

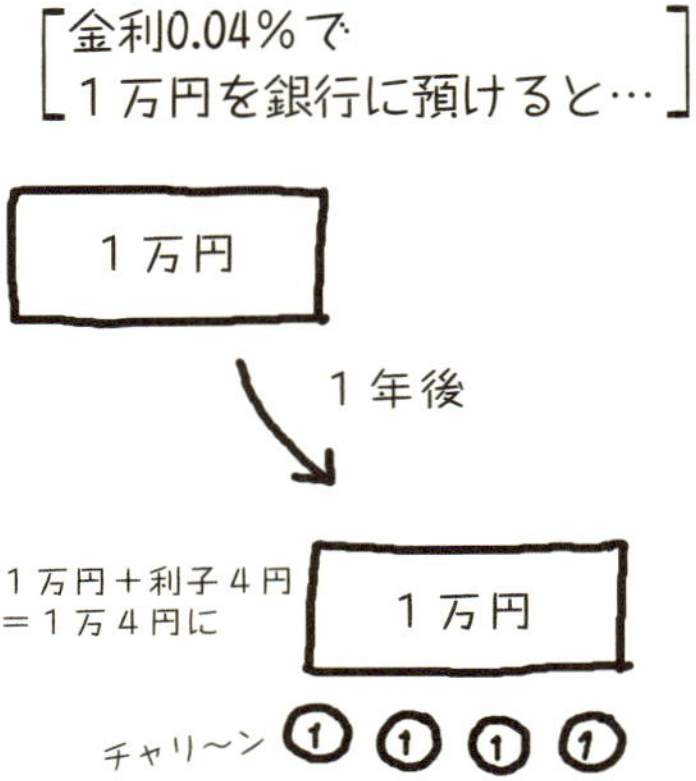
金利0.04%で
1万円を銀行に預けると…
1万円
1年後
1万円＋利子4円
＝1万4円に
1万円
チャリ〜ン
1
1
1
1

確かに利子はつきます。でも、金額で考えると、ほとんど利子はありません。2012年3月現在、普通預金の金利は0・04%程度ですから、お年玉の1万円を銀行に預けても1年間でつく利子は「4円」です。これしか利子がつかないんだったら、「銀行に預けていても利子はつかない」と考えたほうがよさそうです。

なお、年金と同じように払った金額の1・7倍をもらおうとしたら、20歳から65歳まで、毎年

2・5%の利子をつけてもらわないといけません。これは今の銀行金利の60倍以上です。銀行に「ねぇねぇ、利子を60倍ちょうだいよ」と言っても……くれるわけはありませんね。

また、年金には生命保険と同じような役割があることも見逃せません。年金加入者に万が一のことがあった場合、「遺族年金」や「障害年金」などを受け取ることができます。これも年金に加入するメリットの一つです。

そうかぁ、だったらちゃんと年金の保険料を払ったほうが得なんだね

今のところは、そうだと思います。ただし注意も必要です。

この支払った金額の1・7倍もらえるというのは、あくまでも今の制度が変わらなければ、の話です。前にも説明した通り、日本には多額の借金があります。税金を使えば、ますますこの借金は増えていきます。そんな状態で、これからも年金の支払いに税金を使えるでしょうか？　そう考えていくと、今の状態がずっと続くわけではないと覚悟しておくべきです。

いやいや、国が言ってることなんだから、大丈夫でしょ？

それがそうとも言えません。現実に年金制度はどんどん変わっていて、支払う保険料が「値上がり」したり、もらえる年金額が減ったりしています。

また、かつては「インフレが起きても大丈夫」という「年金の良い点」がありました。インフレが起こると、今までに貯金してきたお金の価値が減ってしまいます。将来に備えて自分で貯金をしていても、物価が2倍になってしまったら、今までの貯金で買えるものが半分になってしまう。これだけ貯めたら大丈夫だろうと思っていたのに、全然足りなくなってしまうことも予想できます。

でも、そこを年金制度が解決していました。若い人からもらう保険料を増やすことで、高齢者に渡す年金を増やせたのです。若い人はたくさん徴収されますが、インフレで給料も増えているので、納得してもらえていました。
なので、貯金はインフレの悪影響を受けるけれども、年金は大丈夫だったんです。

へえ、うまくできてるんだね

でも、２００４年の制度改定で、この「良い点」がなくなっちゃいました。国は年金の金額を物価上昇に応じて上げていくことをやめたんです。要は、これからは物価が上がっても年金を増やさないこともある、という内容に変わったのです。

「話が違う！　国が約束を破った！」と１００％国を悪者にするのは良くないですが、ただ、今こうだからといって、それがずっと変わらないと考えるのは賢明ではありません。これからもどんどん「改定」されるでしょう。若い世代は、今の制度が自分たちの老後に適用されるとは考えないほうがよさそうです。

博士のワンポイント用語解説

「年金」

年をとって仕事をやめ、収入がなくなった時のために国が用意している制度が「年金」です。働いている時に、給料の一部のお金を「保険料」として国に預けます。そして、老後に国からお金を受け取って生活するわけです。

「年金」には、いくつか種類があります。まず、20歳以上60歳未満の全員が加入する「国民年金」があります。性別や職業を問わず、誰でも加入する年金です。これとは別に、サラリーマンか公務員の人には違う年金があります。サラリーマンが加入する年金を「厚生年金」、公務員が加入する年金を「共済年金」といいます。つまり、サラリーマンの人は、「国民年金」と「厚生年金」の両方に加入するわけです。

年金は若い時に払って、老後にお金を受け取るシステムです。「貯金」に近いですが、普通の貯金と違って、年金は「半強制的に」加入させられます。年金に加入しなくても罰則はありませんが、将来年金を受け取ることができません。

第4章

「社会問題」のホント

経済で考えると
“これからのニッポン” が見えてくる

グローバル化と食糧自給率の気になる関係

気がついたら日本の食卓は外国産ばかりに

以前、外国産の野菜や食料品に農薬などの「危険物質」が混ざっていた事件が起き、それ以来、自分たちが食べているものに対する関心が高まっています。とくに、その食材がどこで作られたかを意識するようになった方は多いのではないでしょうか？

ただ、あらためて意識してみると、毎日の食べ物のうち、「外国産」が非常に多いことに気づきます。一個人としては、もはや生活の一部となった「外国産」ですが、国全体で見ると、「食糧自給率問題」という大きな問題を抱えることになりました。

食糧自給率問題って何？

テレビなんかでよく「食糧自給率問題」って聞くけど、何がそんなに問題なの？

食糧自給率問題というのは、「国」として解決しておかなければならない問題として、政府が取り組んでいるもののひとつです。現在日本は世界の先進国の中で一番食糧自給率が低くなってしまっているんです。

それで、日本の食糧自給率はどのくらいなの？

自給率の計算方法はふた通りあって、ひとつは「食べ物をお金に換算して計算する

方法（毎日の食費のうち国産の食べ物を買っている割合）」、もうひとつは「食べ物を〝カロリー〟で計算する方法（毎日の食べ物のうち国産の食べ物で栄養を摂っている割合）」です。

日本の２００９年の食糧自給率は、①買っている食べ物を金額に換算した場合約60％程度（食費の60％は国産を買っている）、②カロリーに換算した場合約40％（人が生きていくために必要なエネルギーのうち、40％を国産の食べ物からとっている）です。よくテレビや新聞のニュースで言われるのは、②の40％のほうです。

日本政府は、この食糧自給率を上げようとして、いろいろ対策をしています。たとえば、稲作をしている農家に補助金を出して、ちゃんと米を作り続けてもらうようお願いしています。農業は食べ物を作る非常に大事な仕事です。でも、体力的にきつく、天候の影響を受けやすく収入も安定しません。農業を続けていくのは大変なのです。そこで政府がお金を出して、農家のみなさんがちゃんと生活できるように援助をしているのです。

ただ、いくら農家を援助しても、外国から安い農作物が輸入されて、国産の米や野菜が売れないと問題は解決しません。なので、外国から輸入するものには、「関税」という税金をかけて、国内で安く売れないようにしています。

食糧自給率が低いのは、経済学的に「自然」なこと

食べ物は新鮮なほうがおいしいよね。海外から輸入したら、運んでる間に腐っちゃうよ。なんでわざわざ外国から買うの？

今は冷凍保存したり、鮮度が落ちない工夫をして運んでいるので、腐る心配はないです。輸送の技術が発達しているので、国内でとれたものと同じくらいのスピードでお店に並ぶこともあります。

確かに、肉や魚など腐りやすい食べ物は、冷凍して運び、日本で解凍するので、味が落ちることもありますが、でも普段の食事には大した影響は出ません。さらには、

日本産と外国産の食べ物を比べると、味には大した差がないことが多いのです。「外国産」と表示されていると味が落ちるような気がするかもしれませんが、実際に料理されて出されたら、材料の産地を言い当てられる人は少ないでしょう。それくらい「差がない」ということです。

ただし、値段は結構変わります。たとえば野菜の「ねぎ」は、1年間を通した平均価格で比べると、日本産の値段は外国産の2倍程度（※東京中央卸売市場の2008年データより）。味はあまり変わらないのに、値段にこれだけ差があったら、外国産を買いたくなりますよね。だからわざわざ海外から輸入するんです。

さっき説明したように、政府は輸入する肉や野菜に関税をかけて、日本国内で売る値段を高くさせています。それでも輸入品のほうが安い。だから輸入が多くなるのです。

国産品も安くすればいいのに

そうですね。もし国産品が輸入品と同じくらい安く買えたら、みんな国産を食べるでしょう。でもなかなかそうはいきません。日本は安い肉や野菜を作ることが苦手なんです。

なんで?

日本は、もともと農作物（米・野菜）や畜産物（肉・卵など）を大規模に生産するのに向いていません。国土の約7割が森林で、外国と比べると畑や牧場がかなりせまいのです。そのため一度に生産できる量が少なく、同じ仕事をしても少ししか生産できません。だから結果的に値段が高くなってしまうわけです。

量が少なくてもおいしいものを作ることはできます。一部の肉や野菜などはブランドが出来上がっていて、高価ですがおいしいものが売られています。でも、自然環境から見ると、日本は「安いものをたくさん作る」ことに向いていません。苦手なんです。

苦手は克服しなきゃダメじゃん！

学校では苦手科目でもがんばって得意になりなさいと教わります。でも実社会では必ずしもそうとは言えません。苦手をがんばって克服するより、得意なものに集中したほうがいい場合もあるのです。

たとえばこういうことです。

キノコ狩りが得意な吉田さんと、木の実をとるのが得意な財津さんがいます。1時間でとれるキノコと木の実を比べてみると、

	キノコ	木の実
吉田	15本	5個
財津	5本	15個

です。晩ごはんにはキノコも木の実も欲しいので、ふたりとも毎日両方とっていまし

た。ふたりとも毎日4時間ずつキノコと木の実をとるためにがんばって働きました。
そうすると、1日に収穫できる量は、

	キノコ	木の実
吉田	15本×4時間＝60本	5個×4時間＝20個
財津	5本×4時間＝20本	15個×4時間＝60個

です。ふたりとも学校で「苦手なこともやらなきゃダメ！」「宿題はひとりでやらなきゃダメ！」と教えられたので、がんばって取り組んでいました。この時に、ふたりでとれたキノコと木の実の数は、

	キノコ	木の実
合計	60本＋20本＝80本	20個＋60個＝80個

でした。でもある時、吉田さんからこういう提案があったのです。

吉田さん「ぼくがキノコをとるから、財津君は木の実をとってくれない？　そして、

とれたものを後でふたりで山分けしようよ」

お互いに得意なことだけをやって、収穫したものを後で分けるというやり方です。じつは、これは素晴らしいアイデアなんです。経済学でも「比較優位説」という有名な理論になっています。お互い協力し合った時の収穫高を計算してみましょう。

	キノコ	木の実
吉田	15本×8時間＝120本	5個×0時間＝0個
財津	5本×0時間＝0本	15個×8時間＝120個
合計	120本	120個

このふたりの能力と仕事時間は変わっていません。でも協力して、自分が得意なほうだけに集中した結果、キノコも木の実も1・5倍収穫できるようになったんです。これはすごいことですね。

日本は食糧作りを他の国に任せて豊かになった

これは、その国でどんな産業を育成したらいいかを考える時にも参考になります。つまり、各国とも自分たちが得意なものに集中して、出来上がった商品を後からみんなで交換し合えばいい、ということです。

A国がキノコとりがうまければ、A国にキノコとりを任せればいい。B国は木の実とりが得意だったら、木の実はB国に任せればいい。後でA国とB国で貿易をして交換すれば、お互いにメリットがあるわけです。

そして、日本の得意分野は「工業」でした。海外から輸入した原材料を、製品に加工するのがめちゃめちゃ得意だった。日本人は安く、しかも正確に製品を作ることができたのです。

だったら、日本は工業に集中したほうがいいですね。そのほうが、日本のためにも、他の国のためにもなり、経済原理に沿っています。

その結果、日本は急激な経済成長を遂げ、アメリカに次いで世界第2位のお金持ち（経済大国）になりました。でもその結果として「農業」は、工業ほど目覚ましい発展をせず、「農作物は外国から買ったほうが安い」という事態は変わっていないのです。

今まで通り、工業でがんばればいいんじゃない？

日本は得意な工業に集中したほうがいいんでしょ？　だったら、食糧自給率はこれからも上がらないんじゃない？

鋭い指摘ですね。直感的に考えても、中国産の野菜、アメリカ産の肉よりも日本産が安くなるとは思えません。

経済が発展した影響で、日本では人件費が高くなっています。同じ仕事でも、中国や東南アジアの人々のほうが人件費が圧倒的に安くすみます。農業は人手がかかる仕事なので、人件費が高い国では、コストが高くなってしまい、安い農作物を作ることができないのです。

だとしたら、今後も日本は農業ではなく工業や違う商売が得意で、そっちに集中していくはずです。こんな状態で食糧自給率は上がるのでしょうか？

結論から言うと、かなり厳しいと思います。日本が農業が得意にならないのは、国土と農地のせまさが大きな原因です。その原因がなくならないのに、いきなり農業が得意になるはずはありません。

不得意なものをムリやりするのは、算数で「筆算」を使えば解ける問題を、ムリに暗算で解こうとするのと一緒です。ミスが多くなり、点数がとれません。すぐにまた「筆算」を使うようになるでしょう。ムリなやり方は長続きしません。経済原理にも反しています。

だから、日本で食糧自給率を上げようとして、ムリやり農家を増やしたり、農地を増やしても、あまり意味はないと思います。

それでも食糧自給率を上げなきゃいけないワケ

じゃあ、どうして食糧自給率を上げなきゃいけないって言われてるの？　どうせムリなんでしょ？

いろいろな理由がありますが、簡単に言うと「食べ物を輸入できなくなった時に困るから」です。自分たちで食べるものを海外から買っていると、売ってくれなくなった時に困ります。

仮に相手の国が戦争を始めたら、日本に食べ物を売る余裕なんてなくなるでしょう。また、万が一日本が戦争に巻き込まれたとしたら、どこからも食べ物を買えなくなるかもしれません。

そのような「万が一」に備えて、日本国内でもちゃんと食糧を作れるようにしておかないといけない、というのが食糧自給率を上げなければいけない理由です。

「万が一」の時には自給率100%でも意味がない!?

なるほど、あまり想像はしたくないけど、「万が一」に備えなきゃいけないんだね。……だったら超ヤバイじゃん！ すぐ食糧自給率100%にしなきゃ!!

食糧自給率は高ければそれだけ自前で食べ物を用意でき、「万が一」の時にも対処できます。でも、この「万が一に備えて」という理由は、一見説得力がありますが、もっと深く考えなければいけない部分がたくさんあります。

たとえば、日本が牛肉を一番輸入しているのはオーストラリアです。ではオーストラリアが何らかの理由で牛肉を売ってくれなくなったらどうなるでしょう？　アメリカから買えばいいんです。アメリカもダメだったら？　カナダから買えばいい。現代では技術が発達しているので、多くの国で牛肉の生産が可能です。だから、代わりに売ってくれる国はあるはずです。

じゃあ、世界戦争になってどの国も売ってくれなかったら？

仮に世界中が戦争になって、日本が孤立したらどうなるか？　その時には食糧はどの国からも買えず、大変なことになります。でもそうなった場合は、仮に食糧自給率が１００％でも意味がないんです。

え？　なんでなんで??

もしそういう事態になったら、日本は「エネルギー不足」に陥って、食糧の生産ができなくなるからです。

日本のエネルギー自給率はわずか4%

日本にかぎらず、現代社会では電気・ガス・石油を活用した膨大なエネルギーが必要です。とくに、石油のエネルギーがないと、普通の生活ができなくなります。自動車は動きません。工場もストップします。家で使う電気を発電するにも石油が必要です。

日本ではほとんど石油がとれず、ほぼ100%外国から輸入しています。その他も日本でとれる資源は少なく、日本の「エネルギー自給率」は、わずか4%(※原子力エネルギーを除いて)しかありません。日本は、自分たちが1年間で使うエネルギーのうち、わずか半月分しか自分たちで作り出せないんです。

仮に世界戦争が起こったら、食糧だけでなく石油も石炭も売ってもらえなくなります。そうなると食糧が尽きる前に、エネルギーがなくなります。田んぼや畑はあっても、耕す機械が動かない。野菜を収穫しても、車が動かずお店まで持って行けない。機械設備や技術で食糧自給率を100％にできても、「万が一」の時はそれが使えなくなるので、意味がないんです。

なるほどね……一体どうすればいいんだろう？

食糧自給率の問題は、単純にぼくらが普段食べるものが全部「国産」になればいいということではありません。「万が一に備えて」というのであれば、エネルギーの問題や、「万が一」の事態が起きてしまったとき、働ける人たちだけでちゃんと生産を継続できるのかも含めて、考えていかなければいけません。

だとしたら、日本は得意な工業に集中して、経済を豊かにし、一方で世界平和が保たれるように努力したほうが得策ではないでしょうか？

博士のワンポイント用語解説

「食糧自給率問題」

「食糧自給率問題」とは、日本人が食べる食べ物の多くを、自分たちで作らず、外国から輸入しているという問題です。

「食糧」とは、「食べ物」のことで、農作物や肉・魚、加工食品も含みます。「自給」というのは、「自分で生産する、自分で作る」という意味、「自給率」は「自分で生産している割合」です。だから「食糧自給率」とは、「自分たちの食べ物をどれだけ自分たちで作っているか」という意味になります。

みなさんも日々いろいろなものを食べますね。でも今みなさんが食べているものは、すべて日本で作られたわけではなく、海外から輸入しているものも多くあります。そして、自分たちが食べているもののうち、何％を日本で作っているかを「食糧自給率」といいます。最近、その「食糧自給率」が下がっており、それを問題視する声が出てきているのです。

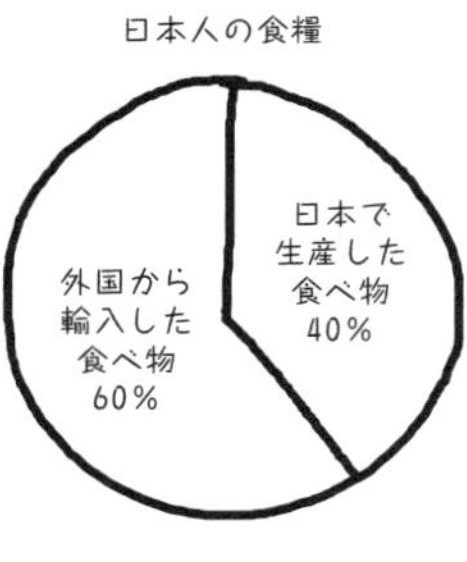
日本人の食糧
日本で生産した食べ物 40％
外国から輸入した食べ物 60％

環境破壊を食い止めるたった一つの方法

環境問題が解決できない理由も経済学で分かる

近年、環境問題の深刻さが叫ばれています。これは、地球の自然が破壊されたことで、気温が上昇し、砂漠化が進み、動物・植物の生態系が崩れたりしている問題のこと。地球全体で変化が出てきていますが、日々感じるほどのスピードではないため、実感がない人も多いのではないでしょうか？　数年たって「そういえば、最近雪が降らないなぁ」とか「今年は桜が咲く時期が早いらしい」というきっかけで環境の変化に気づくのです。

地球の環境は人類みんなに関係するにもかかわらず、いまだ決定的に有効な対応策はとられていません。環境を破壊している人も含めて生きている人みんなが困るのに、なぜ積極的に解決できないのでしょうか？　これを理解するためには、「私的コスト」と「社会的コスト」の違いを知らなければいけません。

解決しなくちゃいけない問題は、おもに2種類

環境破壊には大きく分けて2種類あります。ひとつは「汚染」、もうひとつは「森林伐採」です。

「汚染」とは、工場から汚れた空気や水をそのまま外に出す「大気汚染」「水質汚染」です。「汚染」というのは、「汚くする」ということですが、ホコリをたてたり、川の水を泥でにごらせたりすることではありません。この「汚染」は、人間を含む動物・植物に有害な、化学物質で汚すということです。

化学物質ねぇ、それって汚いの？

「汚い」というより「有害」です。人間が使うものは、お店で売っている時はきれいで、害はありません。でもそれを製造する途中では、有害なものを数多く使っています。そしてその有害なものが排気や排水に混ざっているのです。

かつては、何も規制がなかったため、工場で使った「汚い水」「汚い空気」を、そのまま外に捨ててしまっていました。「地球は広いから、少しくらい汚しても大丈夫だろう」と勘違いし、有害な汚い水と空気を垂れ流し続けた会社が、かつてはたくさんあったのです。

その結果、日本でも「水俣病《みなまたびょう》」「四日市ぜんそく」などの「公害」が大きな問題になりました。

有害だと分かっていて捨てるなんて、許せないよ！

そうですね。明らかにまわりの人たちに迷惑をかけていますので、「確信犯」です。許せないことですね。ただ、この場合は、原因も「犯人」も分かりやすいので、やめさせるような対応策もとりやすいです。

もちろん「汚染」をやめさせるのも簡単ではありません。でも、汚しているのが誰かは分かっていて、汚している本人たちも悪いことをしているのは分かっているので、「対応策をとりやすい」のです。

でも環境破壊のもうひとつ、「森林伐採」は事情が違います。森林伐採とは、地球上の木や森を大規模に切ることです。

これだって、切ってる人たちは自分たちが悪いことをしてるって分かってるでしょ？

じつは必ずしもそうではないんです。というのもこの人たちは、自分たちが生きていく上でやむをえず木を切っている場合もあるからです。

生きていくために木を切る？

そうです。これは発展途上国に多く見られるケースで、その人たちは生活していくために、木を切るしかないんです。木を切る目的は大きく分けてふたつあって、ひとつは「焼き畑農業」、もうひとつは「木を売るため」です。

「そうするしかない人」にやめさせるのは難しい

このような、生きていくために森林を伐採している人は世界中にたくさんいます。世界中で2億人の人たちがそういう生活をしていて、使用されている土地の面積は3億6000万ヘクタール、地球上の森林面積の10％にもなるといわれています。この人たちのところに行って、「森林は大事だから切ってはいけない」と説得して回るのは非常に大変です。

また、いくら森林が大事だといっても、「生きていくため」にやっていることをやめさせるのは簡単ではありません。代わりの仕事を用意しなければいけませんし、生きていくための補助を出す必要があるかもしれません。どちらにしても、かなり難しいことです。

だからいくら「森林が大事だ」「環境を守ろう」と言っても、森林の伐採は簡単には止まりません。

問題は「自分の被害」と「自分の利益」のどちらが大きいか

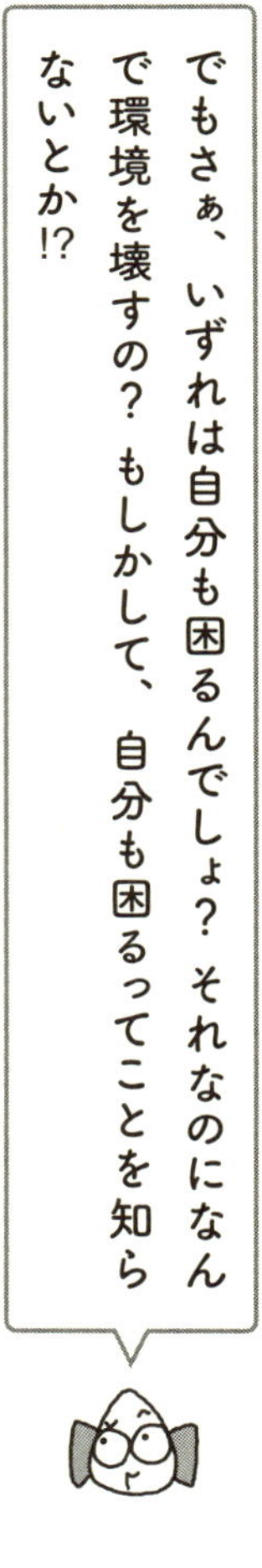
でもさぁ、いずれは自分も困るんでしょ？ それなのになんで環境を壊すの？ もしかして、自分も困るってことを知らないとか!?

環境破壊による影響は日々劇的に感じることではありません。長い期間で考えると非常に深刻な問題ですが、それがどれほど大きな問題か、日常的に肌で感じることはできません。そのため、「実感がないので問題ない」と感じている人も中にはいると思います。

しかし、いずれ自分も被害を受けると分かっていながら、環境破壊をやめない人もいます。

なんでそんな人がいるの？

被害もあるけど、
利益のほうが大きいから
続けよう
利益
被害

それは、環境を破壊することで「自分が受ける被害」より「自分が得られる利益」のほうが大きいからです。

たとえば、さっきの例のように、焼き畑農業で生活している人たちがいます。この人たちは、焼き畑農業をやるしか生きていく道がありません。だから、環境を破壊してでもやらなければいけないし、焼き畑農業をすれば生きていくことができる。変な言い方ですが、環境を破壊することで手に入る「個人的な利益」が大きいわけです。

それに対して、自分が森林を伐採しても、死ぬわけではありません。確かに平均気温が上がったり、今までとれていた魚がいなくなったりしますので、「自分が受ける被害」もあります。でも「死ぬほど」ではない。自分だけで考えると「被害」よりも「利益」のほうが大きいわけです。地球全体で見れば大変なことになると分かっていても、自分が受ける被害はそれほど大きくないので、焼き畑農業を続けてしまうのです。

生きていくために仕方がないのかもしれないけど、やっぱり環境は守ってほしいなぁ

やめてほしいと思うのは「利益」より「被害」が大きいから

そうですよね。日本で暮らすぼくらはこの人たちとは反対で、「環境破壊によって個人的に受ける被害」はありますが、「個人的に得られる利益」はほとんどありません。

「被害」はあるけど「利益」がないんです。

焼き畑農業の影響で地球の温暖化が進み、富士山の雪がどんどん解けています。昔は日本の近くの海でとれた魚も数が減ってきています。環境破壊の影響がじょじょにぼくらの生活に入り込み、「被害」をもたらしています。

でも、一方で、この人たちが焼き畑農業をしても、ぼくらには何も「利益」がありません。だから焼き畑農業をやめても、ほとんど困りません。だからぼくらは「やめてほしい」と感じるのです。

一方、実際に木を伐採している人にしてみれば、環境破壊は、被害よりも利益のほうが大きい。だからまわりから「やめて！」と言われても簡単にやめられないということは、分かりましたよね。

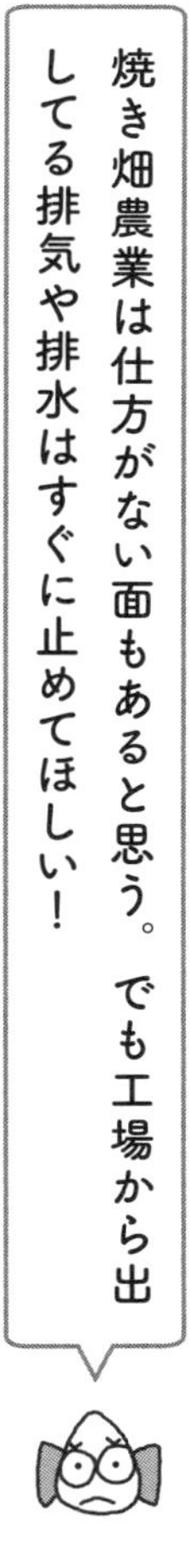
焼き畑農業は仕方がない面もあると思う。でも工場から出してる排気や排水はすぐに止めてほしい！

排気や排水を垂れ流している工場は、そうしないと生きていけないわけではありません。だから焼き畑農業で生活している人たちとは、随分状況が違います。でも、このような「汚染」や「公害」が起こるのも、「森林伐採」と同じ理由なんです。だからやっぱり、やめさせるのは簡単なことではないんです。

ん？　どういうこと？？

焼き畑農業をやめられない理由を、「個人的に受ける被害」よりも「個人的に得られる利益」のほうが大きいから、と説明しましたね。これと一緒です。工場が「悪いこと」と知っていながら汚い空気や水を出すのも、「個人的に受ける被害」よりも「個人的に得られる利益」のほうが大きいからです。

なんでそうなるの？

工場が「自分が負担するべき費用」を負担していないからです。

ビジネスの世界では、すべて「お金」で考える

まず、商売の世界で考えると、「被害」や「利益」はすべてお金に換算されます。つまり「個人的に受ける被害」というのは、「個人的に負担しなければいけないお金・費用」という意味になります。なお、この「個人的に負担するべき費用」は「私的コスト」といいます。

商売には必ず費用がかかります。そして、たくさん儲けようと思ったら、それなりに費用も高くつくのが通常です。でも、費用を負担しなくてよかったらどうでしょう？その分「自分が受ける被害」が少なくなります。工場にとっては、こんなにいい話はありません。

たとえばこういうことです。

プラモデルを作っているA工場があります。この工場では、プラモデル用のプラス

チックを作っていて、プラスチックを作る時に、人間には有害なガスが出ます。プラモデルを作れば作るほど、たくさんの有害ガスが出ます。

プラモデル1個は100円で売れますが、作る時に出る有害ガスを処理するのにも費用がかかります。費用は、プラモデル1個あたり20円です。この工場ではプラモデルを売って商売をしていますが、プラモデルを1個作ると同時に20円費用がかかってしまう。社長は思いました。

「工場では本来、汚れた空気や水をきれいにして自然に戻さなければいけない。でも空気をきれいに戻すにはお金がかかる。みんなには悪いけど、うちの利益のために、そのままにさせてもらうよ」

たくさん儲けようとして、たくさん製品を生産すれば、その分たくさん、空気と水をきれいにしなければいけません。費用も高くつきます。でも、空気や水をきれいにしないで、そのまま外に出してしまったらどうなるでしょう？


空気や水をきれいに戻す費用が必要なくなるね

その通りです。「個人的に負担するべき費用」を負担しなくてすむのです。でも、この商品を売って儲かったお金は、この工場のものですから、「個人的に得られる利益」はそのまま変わりません。だから工場は汚染をやめないんです。

無理にでも
利益を生むためには…
費用が
高いなぁ
全費用
個人が
負担すべき
費用
どっかやっちゃえ！
全費用

工場のツケは、まわりのみんなが肩代わりするはめに

工場は自分が払わなきゃいけない費用を払ってないんだね

それだけではありません。工場がきれいにすべきだった水や空気で被害を受けている人たちがいます。工場の川下でお米を作っている農家は、工場の汚い水が流れてきたために、お米が育たなくなってしまいました。また工場のまわりに住んでいる人たちは、体調が悪くなり、入院してしまいました。工場が水と空気をきれいにしないので、地域の人たちが迷惑を受けています。このような社会全体が被る被害を「社会的コスト」といいます。

地域の人たちは、お米が育たないのも、病気になるのも嫌です。なので結局、自分たちで水をきれいにする機械を川に取りつけ、自宅には空気清浄機を置きました。

つまり、工場は自分で費用を負担しないばかりか、まわりの人たちに費用を負担させているんです。自分が払わないだけでなく、まわりの人に払わせている。こういう「公害」は許しがたいものです。そのため、日本では民間の企業が自分勝手なことをして公害を引き起こさないように法律を作って厳しく見張っています。公害問題は、企業と地域住民の話し合いではなかなか解決できず、国が法律を作るしかないケースが多いんです。

ただし、このように法律を整備するのも長い時間がかかります。日本でも1960年代の高度成長期にはそうだったように、国（政府）が環境よりも経済の発展を優先していると、なかなか規制も作られません。その間は環境破壊が野放しになってしまうのです。

現在でも、経済発展が目覚ましい中国や南アメリカ諸国では公害が深刻な問題になっています。

「生きていくために必要」「もっと儲けたいから」、人によって動機は異なりますが、いずれにしても環境破壊は、環境を破壊することで自分が受ける被害よりも、自分が得られる利益のほうが大きいために、起こります。
だとしたら、環境破壊が起こらないように仕向けることも思いつきませんか？

え!? どうやって？

もし「自分が受ける被害」と「自分が得られる利益」が同じくらい、もしくは被害のほうが大きかったら、環境を破壊する「メリット」がなくなります。仮にそうすることができたら、環境破壊を防止することができます。
やり方はふたつ。
ひとつは「『自分（その人）が受ける被害』を増やす」という方法、もうひとつは「『自分（その人）が得られる利益』を他の方法で補う」という方法です。

方法① その人が受ける被害を増やす

まず「自分が受ける被害」を増やす方法について説明します。

動機はひとまずおいておくと、「焼き畑農業」も「公害」も、自分の利益のために、まわりの人に迷惑をかけています。自分が負担しなければいけない費用や被害を負担せず、まわりの人に肩代わりさせているんです。だったらまわりの人が被った迷惑の分は、あとで清算して、本人たちに負担してもらえばいい。

たとえば、工場が地域住民に「迷惑料」を払ったり、工場から特別に税金を徴収したり。こうすれば、本人たちは、自分が受ける被害（費用）と受ける利益が同じになります。自分が環境を破壊すれば、自分にはね返ってくるので、むやみに環境破壊をしなくなるでしょう。

この方法は、利益目的で環境を破壊している工場に対して効果があります。費用も高くなってしまうのであれば、自分できれいな水と空気に戻すのと変わりません。だったら、文句を言われないように、最初からきれいにしますよね。

方法② その人が得られる利益を他の方法で補う

環境破壊を防止するもうひとつの方法は、「『自分が得られる利益』を他の方法で補う」というやり方です。つまり、環境破壊につながる商売をやめさせて、その分を補助金として渡したり、違う商売ができるように援助・教育するのです。

「焼き畑農業」をしている人たちは、木を燃やしたくてやっているわけではありません。この方法じゃないと生きていけないから仕方なくやっているだけなんです。だから、この農家に生きていけるだけのお金を渡せば、焼き畑農業をしなくてもすみ、森林も伐採されずにすみます。

援助をするのは簡単なことではありませんが、それで森林伐採がなくなれば、安いものです。現実に、発展途上国で焼き畑農業に代わる新しい産業を立ち上げるために、日本からもお金を出したり、「先生」を派遣したりしています。

貧しいのは分かるけど、他人のお世話になって生活してるってことでしょ？　なんだかズルい気がするなぁ。工場と同じように森林伐採の迷惑料を払ってもらったら？

援助するといっても、彼らの生活費を全額補助してあげるわけではありません。生きていく上で必要なものを援助するのと合わせて、焼き畑農業に頼らない商売を身につけられるよう支援しています。彼らも必死でがんばっているのです。

それに、森林を伐採するしか生活の手段がない人たちに、「あなたたちは悪いことをしているので、迷惑料を払いなさい」と言っても、払えません。自分たちの利益を少しでも多くしようと考えている工場とは違いますので、対策も別々に考えなければいけませんね。

博士の
ワンポイント
用語解説

「森林伐採」

「焼き畑農業」とは、森林の木々を切り倒し、焼いて、その燃えた木を肥料として作物を育てる農業スタイルです。燃えた木が肥料になるので、同じ土地は2回使えません。1回その土地で作物を育ててしまうと、もう肥料がなくなってしまうので、畑として使えなくなるのです。とすると、来年は別の森林を焼かなければいけない、再来年はまたまた別の木を燃やさなければならない。そうして森林をどんどん伐採してしまうのです。

「がんばって興味を持つ」のがこれからの生き方

日本が「自己責任」の時代になるって、どういうこと?

世の中で不景気、失業率悪化という言葉がよく聞かれる一方で、今後ますます「実力主義」や「自己責任」の時代になるとも言われています。社会の環境は悪くなるけれども、自分で何とかしなさいということです。そんな世の中を見て、みなさんにお子さんがいらっしゃれば、子供に何をさせればいいのか、将来どんな仕事につくべきなのか、不安に思う日々だと思います。

十分な才能をもち、何事にも積極的に取り組む子であれば、親の心配も軽減するでしょうが、そのような子ばかりではありません。平均的な能力と意欲をもった子には、何を伝えたらいいのでしょうか？

率直なところ、経済学にもこの答えはありません。しかし、いくつかの考え方を提示して、導くことはできます。キーワードは「比較優位」です。

もう「みんな一緒」じゃない

世の中の景気は良くもなれば、悪くもなります。これは昔から変わりません。ただし、今までは景気がいい時も悪い時も、会社が社員の面倒をみて、会社が守ってくれました。しかし現代では、会社が一生面倒をみてくれる「終身雇用制度」はなくなりつつあり、会社に長く在籍すれば「自動的に」給料が上がっていく「年功序列」も減ってきました。

これからは、自分次第で良くもなれば悪くもなる「自己責任」の時代なのです。

何が「自己責任」になるの？

率直に言うと「収入」です。自分が生活するお金は、自分で責任をもって稼がなければいけない時代になったんです。

今までは、大学を卒業して会社に勤めれば、大体みんな同じくらいの給料をもらえました。会社によって、もしくは学歴によって差はありますが、驚くほどお金持ちになる人もいませんでしたし、驚くほど貧乏で生活に困るような人もいませんでした。でもこれからは、自分次第でいくら稼げるかは変わります。20代で何千万円も稼ぐ人もいれば、定年まで働いても年収２００万円の人も出てくるでしょう。

また、ある年まで１０００万円稼いでいても、翌年から半分の年収になってしまうこともあります。「給料が半分になっちゃって生活が大変だよ～！」と言っても、誰も助けてくれません。そうなったのは「自分の責任」です。

じゃあ給料が高い仕事につくことを目標にすればいいんだね！

それもひとつの選択肢です。お金がなければ、買いたいものが買えません。やりたいこともできません。生活の楽しみもかなり制限されるでしょう。お金は大事です。

でも年収が高ければ、それだけでＯＫというわけではありません。お金は大事ですが、それだけではありません。「自分がするべき仕事」というのは、その仕事をしていて自分が満足できるか、幸せに暮らせるか、で判断するべきです。

なぜかというと、給料をもらうだけでは決して「豊か」になれないからです。

たくさんあっても「豊か」になれないから、お金は不思議

前に給料の決まり方について説明しましたね。多くの日本企業では、「明日も社員

が働けるために、必要なお金」を給料として渡しています。つまり、生きていく上で必要な金額をもらっているにすぎません。

サラリーマンがよくお酒を飲みながら、「休むために働くのか、働くために休むのか」ということを言います。平日の仕事が忙しすぎて休日は仕事に備えて休むだけという状況を皮肉まじりで言っているのです。実際にどう感じているかは個人個人違うと思います。でも給料が「明日も社員が働けるために、必要なお金」だとすると、休日も「明日も社員が働けるために、必要な休憩時間」ということになります。会社の構造としては、「働くために休んでいる」のです。

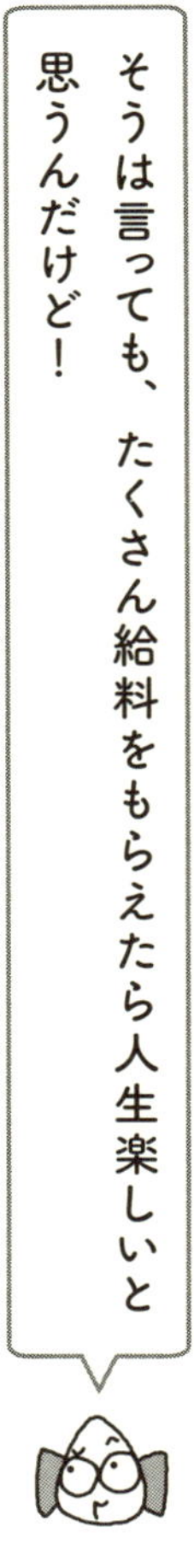
そうは言っても、たくさん給料をもらえたら人生楽しいと思うんだけど！

いくら仕事が忙しくて、つまらなくても、給料をたくさんもらえるんだったら我慢できる、そう感じている人は多いかもしれません。でもこの考えは、すごく「危ない」

です。なぜかというと、人間には「慣れ」があるからです。

ここに年収1000万円もらえるんだったら、どんな仕事でもするし、人生大満足！と思っているAさんがいます。でもこの「年収1000万円」というのは、「こういう生活がしたくて、こういうものが欲しくて、それを全部かなえるためには年収1000万円必要」と計算して出した金額ではありません。なんとなく「年収1000万円」あったらお金持ちの生活ができそう、という根拠で「年収1000万円」と言っただけです。

じゃあ、Aさんが実際に年収1000万円をもらったら、どうなるでしょう？ちゃんと宣言通り「人生大満足！」になっているでしょうか？本当のところはAさんに聞いてみなければ分かりませんね。でも、おそらくそうならないでしょう。

最初は給料をたくさんもらって幸せに感じるかもしれません。しかし、すぐにその給料が「当たり前の額」に感じられるようになって、幸せを感じなくなります。1000万円もらえたら、思いっきり贅沢ができるかと思いきや、1000万円の生活が当たり前になり、満足できなくなるのです。

［同じ金額でも、感じ方は人それぞれ］

やったぁ！
1000万円
1000万円
足りないんだよなぁ

これは、ぼく自身経験があります。新入社員のころ、自分より多くの給料を稼いでいる友人がいました。ひどくうらやましく思い、「彼と同じくらい稼げたら、どれくらい贅沢ができるんだろう？」と考えたものでした。でも実際に、その友人と同じ額の給料をもらえるようになった時、贅沢をしている気分は味わえませんでした。

なぜなら給料が上がるにつれて、じょじょに食べるものや身につけるものが高価になっていき、それを当たり前と思うようになっていたからです。

１０００万円稼いでいる人は、１５００万円欲しくなり、年収１５００万円の人は年収

２０００万円に憧れるようになります。しかし仮に望み通り年収が上がったとしても、やがてその年収が「当たり前」になり、「もっと贅沢したい」「お金が足りない」と感じてきます。

１０００万円、２０００万円を稼ぐのは非常に大変で、仕事もかなり忙しくなることでしょう。１０００万円を大金と感じている間は、忙しくても「大金をもらっているから仕方がない」と思えます。でも「１０００万円が当たり前」と思うようになったら、ただ単に仕事が忙しいだけになってしまいます。精神的には満たされないまま、仕事だけどんどん忙しくなる。だからこの考えは「危ない」のです。

やりたいことは探しに行かないと見つからない

働くことに対して、お金以外にも目的や達成感を持ってほしいんです。反対に言うと、お金以外にも達成感を持てる仕事をしてほしいんです。なんでもいいです、自分が「こんな仕事をやってみたい」と思える仕事につくべきです。

「やりたいこと」って言われてもなぁ

現時点でやりたいこと、興味があることがなくても大丈夫です。むしろ、「何もない」という人が大半だと思います。大リーガーのイチロー選手のように、小学生のころから自分の生きる道を明確にもっている人は、日本全国を見渡しても数えるくらいしかいないのではないでしょうか？　だから、現時点でやりたいことが見つかっていなくても、何もあせる必要はありません。

しかし、だからといって、黙って待っていてもダメです。「やりたいこと、興味がある仕事」は、自然と巡り合えるものではありません。がんばって自分から探しに行かないと見つからないのです。

どうやって探せばいいの？

「とりあえず何でもいいから、やってみる」というのが一番いいと思います。イチロー選手は生まれた瞬間に「バーブー、野球やりたいブー」と言ったでしょうか？　そんなわけはありません。彼も野球というスポーツを「とりあえずやってみた」。その結果、野球を好きになり、自分の生きる道が見つかったんです。

イチロー選手はいいよね、ベストな道が見つかったからさ。ぼくなんか、好きなことはあるけど、それがベストかどうか分からないよ

それは違うと思いますよ。イチロー選手にとって、野球が本当にベストな道だったかというと、それは分かりませんよね。あれだけ成功されている方ですから、野球が

悪い選択肢だったとは思えません。でも、もしかしたら、他にもっといい道があったかもしれません。

でも、そんなことは誰にも分かりませんし、考えても意味がありません。みんなそれと同じです。今生きている人はみんな自分が生きる道に「たまたま」出会って、その道で生きています。他にもっといい道があったかもしれませんが、それに出会うまでは、今の道で生きていきます。

本当にこれでいいんだろうか？と迷ったら

「これが本当に自分の好きなこと、やるべきことなのかな？」と考えることがあるかもしれませんが、他に「やりたいこと」がなかったら、そのまま続けるべきです。

学校のテストでは、つねに１００点満点を目指すように言われます。でも実際の社会では「１００点満点」をとれることは、ほぼありません。さらに言うと、「１００点満点が存在しない」ということだってあります。

だから、「100点満点」じゃなくても、今その時にできることをするのが大事なのです。

そして、最後に重要なポイントがあります。「とりあえず、何かやってみる」という時には、「がんばって興味を持って」ください。

がんばらなくても、楽しいものは楽しいから大丈夫だよ

これはすごく大事なことです。最初から自然と熱中できることは、意外と少ないものなのです。何事も最初は下手でうまくいかず、あまり面白く感じられません。でも、しばらくしてうまくできるようになると、だんだん楽しくなってきますよね。「本当に楽しいこと」でも、最初から興味を持てるとはかぎらないんです。

だから最初は「がんばって」興味を持たなければいけません。最初からうまくいかないからといって、「つまらない」とやめてしまったら、「本当は面白かったこと」に出会えません。すごくもったいないです。

だから、楽しくなるまでは「がんばって興味を持つ」ということが大事です。自分の可能性を広げていくためには、「とりあえず、何かやってみる」、プラス「がんばって興味を持つ」ということが大切です。

本書は２００９年に小社より刊行された『子供に教える経済学』に新たな情報を加え再編集したものです。

青春新書
PLAYBOOKS

人生を自由自在に活動《プレイ》する

人生の活動源として

いま要求される新しい気運は、最も現実的な生々しい時代に吐息する大衆の活力と活動源である。

文明はすべてを合理化し、自主的精神はますます衰退に瀕し、自由は奪われようとしている今日、プレイブックスに課せられた役割と必要は広く新鮮な願いとなろう。

いわゆる知識人にもとめる書物は数多く窺うまでもない。

本刊行は、在来の観念類型を打破し、謂わば現代生活の機能に即する潤滑油として、逞しい生命を吹込もうとするものである。

われわれの現状は、埃りと騒音に紛れ、雑踏に苛まれ、あくせく追われる仕事に、日々の不安は健全な精神生活を妨げる圧迫感となり、まさに現実はストレス症状を呈している。

プレイブックスは、それらすべてのうっ積を吹きとばし、自由闊達な活動力を培養し、勇気と自信を生みだす最も楽しいシリーズたらんことを、われわれは鋭意貫かんとするものである。

—創始者のことば— 小澤和一

著者紹介

木暮太一〈こぐれ　たいち〉

1977年千葉県生まれ。慶應義塾大学経済学部を卒業後、富士フイルム、サイバーエージェント、リクルートを経て、独立。現在は、ビジネス書作家として活動しつつ、企業内・組織内での講演を多数行っている。
大学在学中に自主制作した「気軽にはじめる経済学シリーズ」が大学生協や一般書店で累計5万部を突破。著書は、『落ちこぼれでもわかる経済学』シリーズ、『マルクスる?　世界一簡単なマルクス経済学の本』(以上、マトマ出版)、『新版 今までで一番やさしい経済の教科書』(ダイヤモンド社)、『学校で教えてくれない「分かりやすい説明」のルール』(光文社新書)、『誰にでも伝わる文章力のつくり方』(あさ出版)など多数。

この一冊《いっさつ》で「経済《けいざい》」のしくみが丸《まる》ごとわかる!

青春新書 PLAYBOOKS

2012年5月5日　第1刷

著　者　木《こ》暮《ぐれ》太《た》一《いち》

発行者　小澤源太郎

責任編集　株式会社プライム涌光

電話　編集部　03(3203)2850

発行所　東京都新宿区若松町12番1号 〒162-0056　株式会社青春出版社

電話　営業部　03(3207)1916　振替番号　00190-7-98602

印刷・中央精版印刷　製本・フォーネット社

ISBN978-4-413-01949-1